T0166100

DES HEILIGEN EPHRAEM

DES SYRERS

SERMO DE DOMINO NOSTRO

CORPUS
SCRIPTORUM CHRISTIANORUM ORIENTALIUM
EDITUM CONSILIO

UNIVERSITATIS CATHOLICAE AMERICAE
ET UNIVERSITATIS CATHOLICAE LOVANIENSIS

===== Vol. 271 =====

SCRIPTORES SYRI

TOMUS 117

DES HEILIGEN EPHRAEM
DES SYRERS
SERMO DE DOMINO NOSTRO

ÜBERSETZT

VON

EDMUND BECK

LOUVAIN
SECRÉTARIAT DU CorpusSCO
49, CH. DE WAVRE
1966

VORWORT ZUR ÜBERSETZUNG

Der Prosasermo *de Domino Nostro*, eines der wenigen Prosawerke Ephräms, die uns syrisch überliefert sind, wurde schon von Th. J. Lamy im ersten Band seiner Ephrämausgabe (Mechliniae 1882) col. 147-277 zusammen mit einer lateinischen Übersetzung publiziert. Die Lücke, die durch den Ausfall eines Blattes in der Hs **A** (= Br. M. add. 14570) entstanden war, konnte er in einem Nachtrag zu Beginn des zweiten Bandes (XXII/XXIII) ausfüllen; denn in der Zwischenzeit hatte er entdeckt, dass die Handschrift **B** (= Br. M. add. 14654) einen fragmentarischen Text des gleichen Sermo bot, in dem der Text des in A verloren gegangenen Blattes erhalten war.

Den Inhalt des Sermo kann man den Überschriften entnehmen, die in der vorliegenden Übersetzung den einzelnen Kapiteln in Klammern vorangestellt werden. Der Sermo geht nach allgemeinen Bemerkungen über die Person und das Erlöserwerk Christi im 12. Abschnitt zu einer Erklärung der Perikope von der Sünderin in Luc. VII über, kommt dabei auf die Vorgänge bei der Bekehrung des Apostels Paulus zu sprechen, vor allem seine Blendung, was weiterhin zu einer Erörterung des Problems der Herrlichkeit Gottes in der Vision des Moses führt. In diesem Zusammenhang findet sich auch der umstrittene dogmatische Exkurs über die zwei Naturen in Christus. In den Anmerkungen zu den Abschnitten XXXIV und XXXV gebe ich die Hinweise, die mich zu der Annahme führen, dass man es hier mit einem späteren Einschub zu tun hat. Der Sermo kehrt nach diesem langen Exkurs in Abschnitt XLI wieder zu dem Thema der Sünderin und des Pharisäers Simon zurück, um dann noch von Simon zu Simeon, dem Priester, und zu Simon, dem Apostel, überzugehen in einem Nachweis, dass alttestamentliches Prophetentum und Priestertum an Christus zurückgegeben und von Christus an Simon und die Apostel weitergegeben wurde. Wie man sieht, ein Inhalt, der nicht ohne dogmatisches Interesse ist.

Abkürzungen in den Anmerkungen zur Übersetzung :

Reden = *Ephräms Reden über den Glauben* (Studia Anselmiana, XXXIII), Roma 1951.

Bild v. Spiegel = *Das Bild vom Spiegel bei Ephräm*, in *Orientalia christiana Periodica*, 19 (Roma, 1953), 41-47.

BURKITT, *Ev.* = F. C. BURKITT, *Evangelion da-Mepharreshe*, vol. II, Cambridge, 1904.

OVERBECK = J. OVERBECK, *S. Ephraemi Syri ...opera selecta*, Oxonii, 1865.

GETON = R. M. TONNEAU, *S. Ephraem Syri in Genesim et Exodum commentarii*, CSCO 152/Syr. 71.

Pr. Ref. = C. W. MITCHELL (BEVAN, BURKITT), *S. Ephraem's Prose Refutations of Mani, Marcion and Bardaisan*, I-II (London, 1912, 1921).

Abkürzungen für die Werke Ephräms, die nach Hymnus, Strophe, (Strophenzeile) der Neuausgabe des CSCO zitiert werden :

HdF = *Hymnen de Fide*; *CH* = *Hymnen contra Haereses*; *Parad.* = *Hymnen de Paradiso*; *Nat.* = *Hymnen de Nativitate*; *Eccl.* = *Hymnen de Ecclesia*; *SdF* = *Sermones de Fide*; *Virg.* = *Hymnen de Virginitate*; *azym.* = *Hymnen de azymis* (*Paschahymnen*).

Metten, 10, II. 1965.   Edmund BECK.

VON MAR EPHRÄM
REDE AUF UNSERN HERRN

I

(Die Stationen des Weges des Erlösers, Schoss des Vaters, Schoss der Jungfrau, Erde, Scheol, Himmelreich, und ihre Heilsbedeutung)

Die (göttliche) Güte berührte die lästernden Münder und schuf sie zu preisenden Harfen. Darum soll jeder Mund jenen preisen, der von ihm die lästernde Rede nahm. Dir sei Lob! Denn du brachst auf und liessest dich nieder, von Ort zu Ort, um zu kommen und uns zur Wohnung für den zu machen, der dich gesandt hat.

Der Eingeborne brach auf von Gott [1] und liess sich in der Jungfrau nieder, damit durch die körperliche Geburt der Eingeborne [2] Bruder der Vielen [3] werde. Er brach auf aus der Scheol und liess sich im (Himmel)-reich nieder, um den Weg zu bahnen von der alles verweigernden Scheol zum alles belohnenden Reich. Denn unser Herr gab seine Auferweckung als Unterpfand den Sterblichen, dass er sie wegführen werde aus der Scheol, die ohne Unterschied die Toten aufnimmt, zum Reich, das unterscheidend [4] die geladenen (Gäste) einlässt; dass sie weggehen werden von jener, die die Körper aller Menschen gleichmacht, hin zu diesem, das in seinem Innern die Mühen aller unterscheidet [4]. Er ist es, der hinabstieg zur Scheol und emporstieg, damit er uns aus jener, die ihre Beisassen vernichtet (herausführe und uns) einführe in jenes (Reich), das seine Bewohner mit seinem Segen stillt. Dies sind seine Bewohner, die mit dem Besitz, den vergänglichen Blumen und Blüten dieser (Welt), für sich die unvergänglichen Zelte [5] bekränzt und geschmückt haben.

---

[1] Im Syr. steht neben der Präp. *men* (von) auch noch *lwât* (bei), die Pr. der Peš u. VS in *Jo.* I, 1 u. 2 (apud deum). Für « Gott » steht das auffällige *itūtá*; zu dem personalem Charakter, den auch dieses Wort haben kann, vgl. *Reden*, S. 93 ff. Vgl. auch den parallelen Ausdruck « von seinem Vater » hier gegen Ende von Abschnitt II.   [2] *iḥidáyá* = monogenḗs.   [3] Vgl. *HdF*, 62, 10.   [4] Vgl. die Paradiesespforte in *Parad.* 2, 2.   [5] Vgl. *Parad.* 5, 6.

Der Erstgeborne, der nach seiner Natur geboren war, wurde (wieder) geboren, eine andre Geburt, ausserhalb seiner Natur, damit wir erkennen möchten, dass für uns nach unsrer natürlichen Geburt eine andre Geburt erforderlich ist, ausserhalb unserer Natur. Denn jener Geistige konnte, bevor er nicht zur körperlichen Geburt kam, nicht körperlich sein, und ebenso wenig können die Körperlichen Geistige werden, wenn sie nicht (in) einer zweiten Geburt geboren werden. Der Sohn nun, dessen (göttliche) Geburt nicht erforscht werden (kann), wurde (in) einer andren Geburt geboren, die erforscht werden [6] (kann), damit wir aus der ersten lernen, dass seine Grösse ohne Grenzen ist, und aus der zweiten erfahren, dass seine Güte ohne Mass ist. Gewaltig ist seine Grösse; denn seine erste Geburt wird in keinem unserer Gedanken abgebildet. Ausgegossen ist seine Güte ohne Grenze; denn seine zweite Geburt wird von jedem Mund verkündet.

II

(Die dreifache Geburt des Sohnes aus Gott, der Jungfrau u. Taufe)

Er ist es, der aus der Gottheit geboren wurde nach seiner Natur, und aus der Menschheit, gegen seine Natur, und aus der Taufe gegen seine Art, damit wir geboren werden aus der Menschheit nach unsrer Natur, und aus der Gottheit gegen unsre Natur, und aus dem Geist gegen unsre Art. Geboren aus der Gottheit war also jener, der zur zweiten Geburt kam, um auch uns zu einer Wiedergeburt zu führen.

Seine Geburt aus dem Vater soll nicht erforscht sondern geglaubt werden, und seine Geburt aus dem Weibe soll nicht geschmäht sondern gerühmt werden! Seine Geburt aus dem Weibe bezeugt sein Kreuzestod. Denn wer stirbt, ist auch geboren worden. Seine Geburt aus dem Vater erklärt die Botschaft des Gabriel : « Die Gewalt des Allerhöchsten wird dich überschatten ? » [1] Wenn aber « die Gewalt des Allerhöchsten », dann weiss man, dass er nicht der Same eines Sterblichen ist. Seine Empfängnis im Mutterschoss ist also mit seinem Kreuzestod verbunden und seine erste Geburt mit der Erklärung des Engels, damit, wer seine Geburt leugnet, durch sein Kreuz überführt werde, und, wer glaubt, dass sein Anfang aus Maria stamme, zurecht gewiesen (und belehrt) werde, dass seine Gottheit vor allem war, damit einer, der (nur) seinen

---

[6] Vgl. aber *HdF*, 51, 3, wo von den Schwierigkeiten trotz der Sichtbarkeit die Rede ist.
[1] *Luc.*, I, 35 (Peš; VS fehlt).

körperlichen Anfang fand, irre werde durch jenes Wort : « Seine Ge-
schlecht, wer wird es aussagen ? »[2] Der Vater zeugte ihn, und durch
ihn schuf er die Geschöpfe. Das Fleisch gebar ihn, und durch es tötete
er die Begierden. Die Taufe gebar ihn, damit sie durch ihn die Makel
weisswasche. Auf dem Weg der Geborenen kam er von seinem Vater
zu uns, damit dadurch dass er in der Geburt kam, sein Kommen
sichtbar, und dadurch dass er in der Auferstehung heimkehrte, sein
Weggang bekräftigt werde.

III

(Der Tod Christi als Sieg über den Tod; Eva und Maria und der
Tod; Christus die Lebensfrucht)

Unser Herr wurde vom Tod mit Füssen getreten, und er bahnte
dagegen einen Pfad über den Tod hinweg. Er unterwarf sich und nahm
den Tod auf sich, wie (der Tod) es wollte, um den Tod zu stürzen, wie
er es nicht wollte. Es trug nämlich unser Herr sein Kreuz [1] und ging
hinaus, wie der Tod es wollte. Er schrie-[2] aber am Kreuz und führte
Tote aus der Scheol heraus, wie der Tod es nicht wollte. Denn durch
das, wodurch der Tod ihn tötete, mit eben dieser Waffe [3] trug er den
Sieg über den Tod davon. Verborgen war die Gottheit in der Menschheit und so näherte sie sich ihm. Er tötete und wurde getötet. Es
tötete der Tod das Leben, das in der (menschlichen) Natur (Christi) lag,
und ihn tötete das Leben, das ausserhalb der (menschlichen) Natur
(Christi) lag.

Und da der Tod ihn nicht verzehren konnte ohne den Leib und auch
die Scheol ihn nicht verschlingen konnte ohne das Fleisch, kam er zu
der Jungfrau, damit von da ein Gefährt ihn zur Scheol führe. Von der
Eselin [4] brachte man ihm ein Reittier, auf dem er in Jerusalem einzog,
und er verkündete (dabei) die Zerstörung (der Tochter Sion) und dass
man sie ihrer Kinder berauben werde. Mit dem Leib aus der Jungfrau
betrat er die Scheol, plünderte ihre Reichtümer und leerte ihre Schätze.
Er kam also zu Eva, der Mutter aller Lebenden. Sie ist der Weinstock,
dessen Umzäunung der Tod mit ihren Händen durchbrach und von
dessen Früchten er kostete. Und Eva, die Mutter aller Lebenden [5],

---

[2] *Is.*, LIII, 8 (Ephr. wie Peš; nur *man* statt *manu*).

[1] *Jo.*, XIX, 17 (Ephr.: *t'in zqîfeh*; Peš: *šqîl zqîfeh*; VS fehlt).   [2] Das Verb von
Matth., XXVII, 50 u. Parall.   [3] Vgl. *Parad.*, 12, 6; *HdF*, 24, 1; *Nat.*, 3, 20, 6.   [4] *Matth.*,
XXI, 2 (Ephr.: *attânâ*; Peš u. VS: *ḥmârâ*).   [5] Der Ausdruck der Peš in *Gen.* III, 20.

wurde zur Quelle des Todes für alle Lebenden. Es spross Maria, das
neue Reis, aus Eva, dem alten Weinstock, und das neue Leben liess
sich in ihr nieder, damit, wenn der Tod kame und nach seiner Gewohnheit ohne Bedenken die sterblichen Früchte abweidete, für ihn das
Leben versteckt sei, das den Tod tötet, damit er, wenn er es ohne
Furcht verschlungen habe, es (wieder) ausspeie und mit ihm die Vielen.

Es flog nämlich die Lebensarznei herab aus der Höhe und mischte
sich in den Leib, die sterbliche Frucht. Und als der Tod kam, um nach
seiner Gewohnheit abzuweiden, verschlang umgekehrt das Leben den
Tod. Das ist die Speise, die danach hungerte, seinen Esser zu essen.
Durch diese eine Frucht also, die der Tod hungrig verschlang, spie er
die vielen Leben aus, die er gierig verschlungen hatte. Jener sein
Hunger also, der ihn zu der einen Frucht eilen liess, leerte jene seine
Gier, die ihn zu den Vielen hatte eilen lassen. Eifrig war der Tod, die
eine (Frucht) zu verschlingen; Eile hatte er, die Vielen auszuspeien.
Denn als der eine am Kreuze starb, eilten viele Begrabene aus der
Scheol zu seiner Stimme. Das ist die Frucht, die ihren Verschlinger,
den Tod, zerriss und aus seinem Innern die Lebenden herausführte,
auf deren Spuren sie ausgesandt worden war. Denn die Scheol hielt
alles zurück, was sie verzehrte. Doch durch den einen, der nicht zu
verzehren ist, wurde alles, was sie verzehrt hatte, aus ihrem Innern
zurück gebracht. Wessen Eingeweide verdorben sind, der gibt alles
von sich, was ihm schmeckt und nicht schmeckt. Auch die Eingeweide
des Todes wurden verdorben, und indem er die Lebensarznei ausspie,
die ihn bitter machte, spie er auch jene Lebenden aus, die mit Wohl-
behagen von ihm verschlungen worden waren.

IV

(Kreuz und Paradiesesbaum)

Das ist der tüchtige Sohn des Zimmermanns [1], der sein Kreuz über
die alles verschlingende Scheol baute und die Menschen (so) hinüber-
führte zum Reich des Lebens [2]. Weil durch den Baum die Menschheit
in die Scheol gestürzt war, ist sie über dem (Kreuzes)baum ins Reich
des Lebens hinüber gegangen. In den Baum, in den die Bitterkeit
eingepflanzt worden war, wurde die Süssigkeit eingepflanzt, damit

---

[1] Vgl. *HdF*, 17, 11.   [2] Vgl. *HdF*, 6, 17.

wir jenen erkennen, der unter seinen Geschöpfen keinen (ebenbür-
tigen) Gegner hat. Dir sei Lob, der (du dein) Kreuz zur Brücke über
den Tod gemacht hast, damit darauf die Seelen vom Reich der Toten
ins Reich der Lebenden hinübergehen (können).

V

(Christus, Heiden und Israel)

Es danken dir die Völker (dafür) dass dein Wort vor ihnen zu einem
Spiegel [1] wurde, worin sie sehen, wie der unsichtbare Tod ihr Leben
verschlang. Die Götzenbilder waren von ihren Künstlern geschmückt
worden und diese hatten mit ihrem Schmuck die Schmückenden hässlich gemacht. (Der Spiegel) liess sie zu deinem Kreuz eilen, durch das
zwar der Schmuck des Körpers hässlich wird, aber dafür der Schmuck
des Geistes erstrahlt. Den (Heiden)völkern, die den Göttern nacheilten, die keine Götter waren, eilte jener nach, der Gott ist, und er
wandte sie mit seinen Worten wie mit Zügeln von den vielen Göttern
weg dem einen (Gott) zu.

Das ist der Mächtige, dessen Verkündigung zu einem Zügel an den
Backen der (Heiden)völker wurde und sie von den Götzenbildern zu
seinem Entsender lenkte. Die toten Götzenbilder hatten mit ihrem
verschlossenen Mund das Leben ihrer Anbeter verzehrt. Deswegen
mischtest du jenes dein Blut, durch das der Tod seine Kraft verlor
und erschrak, in ihr Fleisch, damit der Mund ihres Verschlingers weggescheucht würde von ihrem Leben. Und von Israel wurde, weil es
dich tötete und es sich mit deinem Blut besudelte, das Heidentum,
von dem es gekostet hatte, weggescheucht. Denn das Heidentum
wurde durch dein Blut des Volkes entwöhnt, weil das Volk sich
niemals des Heidentums entwöhnt hatte.

VI

(Das Heidentum der Juden; das Kalb in der Wüste und das Fluch-
wasser)

Israel tötete unseren Herrn unter dem Vorwand : Er führt uns von
dem einen Gott weg. Indem aber jene, die sich zu allen Zeiten durch

---

[1] Vgl. *Bild v. Spiegel*, S. 6 f.

viele Götzen von dem einen Gott entfernten, glaubten, sie würden den kreuzigen, der sie von dem einen Gott wegführe, fand es sich, dass sie sich eben durch ihn von allen Götzen zu dem einen Gott entfernten. Sie sollten gezwungen erfahren, dass er Gott ist, weil sie freiwillig nicht lernten, dass er Gott ist. Das Gute, das ihnen durch ihn zuteil wurde, sollte sie anklagen wegen des Bösen, das ihre Hände taten. Und wenn daher auch die Zunge der Undankbaren leugnet, die Hilfe, die sie erfuhren, überführt sie. Es belud sie (die göttliche Güte) mit mehr als sie (tragen) konnten.

Denn auch mit ihnen hatte (die göttliche Güte) Mitleid, dass ihr Leben zur Weide der Götzen wurde. Das eine Kalb, das sie in der Wüste gegossen hatten, weidete ihr Leben ab wie Gras in der Wüste. Denn das Götzentum, das sie im Herzen verborgen und aus Ägypten mitgebracht hatten, tötete sichtbar, nachdem es zu Tage getreten war, jene, in denen es unsichtbar wohnte. Es war wie Feuer, das im Holz verborgen liegt, das, aus dem Innern ans Tageslicht gebracht, das Holz verbrennt [1]. Denn Moses zerrieb [2] das Kalb und gab es ihnen im Probewasser [3] zu trinken, damit durch diesen Trank alle sterben sollten, die für die Anbetung des Kalbes gelebt hatten. Denn es stürzten sich auf sie die Söhne des Levi, die zu Moses geeilt waren und mit dem Schwert sich gegürtet hatten [4]. Es wussten aber die Söhne Levis nicht, wen sie töten sollten. Denn diejenigen, die angebetet hatten, waren zusammen mit denen, die nicht angebetet hatten. Jener aber, für den es leicht ist zu trennen, trennte diejenigen, die Heiden geworden waren von denen, die es nicht geworden waren, damit die Unschuldigen dafür danken sollten, dass dem Gerechten ihre Unschuld nicht entging, und die Schuldigen (ihn) als gerecht erkennen (müssten), weil dem Richter ihre Freveltat nicht unbekannt blieb. Die Söhne Levis waren nun die Rächer des sichtbaren (Frevels). So kennzeichnete also (Gott) die Frevler, damit es für die Rächer leicht sei, Rache zu nehmen. Es drang nämlich der Trank (mit dem Staub) des Kalbes in die ein, in denen die Liebe zu dem Kalbe wohnte, und liess an ihnen ein sichtbares Zeichen erscheinen [5], damit gegen sie das gezückte Schwert eile.

---

[1] Vgl. *Virg.*, 3, 7 u. *HdF*, 65, 8.   [2] Das Verb von *Ex.*, XXXII, 20.   [3] Syr. : *mayâ bâḥrē*, der Ausdruck der Peš in *Num.*, v, 18 ff.   [4] Vgl. *Ex.*, XXXII, 26 f. [5] Vgl. GEToN, 154, 20-31. Das Zeichen war ein Anschwellen des Körpers, syr. *nfaḥ*, wieder das Verb von *Num.*, v, 19.

Jener Synagoge nun, die mit dem Kalb gebuhlt hatte, gab er das
Probewasser, damit an ihr das Zeichen der Ehebrüche erscheine. Denn
von hier aus nahm jenes Gesetz gegen die Frauen seinen Lauf, dass sie
das Probewasser trinken sollten, damit durch das Zeichen das an den
Ehebrecherinnen entstand, die Synagoge sich ihrer Hurerei mit dem
Kalb erinnere, damit sie gewarnt wäre vor dem letzteren Zeichen in
Furcht und sie sich des ersteren erinnerte in Reueschmerz, und damit
(die Juden), wenn sie ihre ehebrecherischen Frauen verurteilten, ihre
Seelen verurteilen sollten, die ihrem Gott die Treue brechen.

VII

(Kreuz, Heiden und Juden)

Dir sei Lob, der du durch dein Kreuz das Heidentum entfernt hast,
den Stein des Anstosses für Unbeschnittene und Beschnittene ! Dir sei
Dank, Lebensarznei für alle, die hinabtauchte (auf der Suche) nach
dem Leben aller und es zurückbrachte zum Herrn aller (Menschen) !
Es preisen dich die Verlorenen, die gefunden wurden. Du brachtest
Freude den Engeln [1], die (immer) anwesend nie verloren gehen, durch
das Auffinden der Verlorenen. Es danken dir die Unbeschnittenen, dass
durch deinen Frieden [2] die dazwischenliegende Feindschaft [2] verschlungen wurde. Denn du trugst an deinem Fleisch [2] die Beschnei-
dung, das äussere Zeichen, dessentwegen deine Unbeschnittenen für
nicht dir gehörig galten. Du setztest aber dein Zeichen ein, die Be-
schneidung des Herzens [3], und daran erkannte man die Beschnittenen,
dass sie nicht die deinen waren. « Denn du kamst in dein (Eigentum)
und die deinen nahmen dich nicht auf. » [4] Und darin erkannte man,
dass sie nicht die deinen waren : diejenigen, zu denen du nicht kamst,
schrien aus Liebe hinter dir her [5], dass du sie sättigen mögest von den
Brosamen, die vom Tisch der Kinder fielen [6].

---

[1] *malakē* wie Peš u. VS in *Luc.*, xv, 10.   [2] Ausdrücke aus *Eph.*, ii, 14 f.   [3] Vgl.
Rom., ii, 29.   [4] *Jo.*, i, 11 (Peš u. VS).   [5] Die Wendung von *Matth.*, xv, 23.
[6] *Matth.*, xv, 27.

VIII

(Sohn und Vater im Werk der Erlösung)

Gott wurde von der Gottheit [1] ausgesandt, zu kommen, um die Götzen zu überführen, dass sie keine Götter sind. Und als er ihnen den Gottesnamen, der sie schmückte, genommen hatte, da traten ihre eignen Makel zu Tage. Ihre Makel aber waren : « Sie haben Augen und sehen nicht, Ohren und hören nicht. » [2] Deine Botschaft bewog ihre Anbeter, die vielen Götter gegen den einen zu vertauschen. Denn dadurch, dass du den Götzen den göttlichen Namen raubtest, wurde mit dem Namen auch jene Anbetung, die mit dem Namen verbunden war, weggenommen. Denn zusammen mit dem Namen « Gott » schwindet auch die Anbetung. Weil also auch die Anbetung von allen Völkern zu ihm geeilt ist, wird sich am Ende der anzubetende Name ganz bei unserem Herrn sammeln. Deswegen wird am Ende auch die Anbetung sich völlig bei ihrem Herrn sammeln, damit jenes geschehe : « Alles wird ihm unterworfen sein [3]; er hinwieder wird sich jenem unterwerfen, der ihm alles unterwarf, » [4] damit der Name von Stufe zu Stufe emporsteigend sich an seine Wurzel binde. Wenn nämlich alle Geschöpfe durch ihre Liebe gebunden sein werden an den Sohn, durch den sie erschaffen wurden, und der Sohn durch die Liebe zu jenem Vater (an den Vater), aus dem er gezeugt wurde, dann werden am Ende alle Geschöpfe dem Sohn danken, durch den sie alle Güter empfangen haben, und durch ihn und mit ihm werden sie auch seinem Vater danken, der uns aus seinem Schatz allen Reichtum ausgeteilt hat [5].

IX

(Der menschliche Körper des Erlösers)

Dir sei Lob, der du dich in den Körper des sterblichen Adam kleidetest und ihn zur Quelle des Lebens für alle Sterblichen machtest ! Du bist der Lebendige. Deine Mörder wurden zu Bauern für dein Leben, die es wie ein Samenkorn in die Tiefe säen sollten, damit es auferstehe und mit ihm die Vielen auferwecke. Kommt lasst uns

---

[1] Auch hier meint das Abstraktum die Person des Vaters.   [2] *Ps.*, cxv, 5 f.
[3] 1 *Cor.*, xv, 27 : Peš : *mešta'bad leh*; Ephr. : *nešta'bad leh.*   [4] *Ibid.*, 28.   [5] Vgl. zu dieser Verwendung von 1 *Cor.*, xv, 27 *Reden*, S. 94 f.

unsere Liebe zu einem grossen, gemeinsamen Rauchfass machen, und es soll den Weihrauch unserer Psalmen und Gebete [1] emporsteigen lassen zu jenem, der vom Kreuz zum Rauchfass für die Gottheit machte, und er liess den Wohlgeruch seines Blutes für uns alle emporsteigen. Der Himmlische neigte sich herab zu den Irdischen, um seine Schätze an sie zu verteilen. Und wenn auch die Bedürftigen seine Menschheit berührten, die Gaben empfingen sie von seiner Gottheit. Er hat also den Körper zum Schatzmeister seiner Reichtümer gemacht. Dieser, mein Herr, bringt hervor aus deinem Schatz und verteilt an die Armen, die von seiner Art sind.

X

(Fortsetzung)

Lob sei jenem, der von uns nahm, um uns zu geben, damit wir durch jenen unseren (Körper) überreich von dem Seinen nehmen sollten. Durch diesen Mittler konnten die Menschen das Leben von ihrem Helfer nehmen, wie sie zu Anfang durch (diesen) Mittler den Tod von ihrem Mörder genommen hatten. Du machtest dir den Körper zu einem Diener, um durch ihn deine Liebe allen, die (dich) liebten, zu geben. Bei den Mördern und bei den Begrabenden wurde durch dich, dadurch dass du dich in einen sichtbaren Körper kleidetest, der verborgene Wille sichtbar. Denn die Mörder töteten dich wegen deines Körpers und sie wurden durch dich getötet. Und die Begrabenden begruben dich wegen deines Körpers und sie wurden mit dir auferweckt. Denn ihre Liebe begrub dich und ihr Glaube ist mit dir auferstanden.

Jene (göttliche) Kraft, die nicht ertastet wird, stieg herab, hüllte sich in Glieder, die man betasten konnte, damit die Bedürftigen sie berühren, damit sie im Betasten seiner Menschheit seine Gottheit wahrnehmen sollten. Denn jener Taubstumme [1] fühlte durch die Finger [1] aus Fleisch, dass er seine Ohren berührte und seine Zunge betastete [1]. Doch durch die Finger, die zu ertasten sind, nahm er die Gottheit wahr, die nicht zu ertasten ist, im Lösen des Bandes der Zunge und im Öffnen der Tore der verschlossenen Ohren. Denn der Baumeister und Künstler des Körpers kam zu ihm und mit milder

---

[1] Vgl. *Virg.*, 31, 5.
[1] Die Wörter von *Marc.*, *VII*, 32 f. Nur hat Ephr. in v. 33 *gaš* statt *qreb* (Peš u. VS).

Stimme schuf er ohne Schmerz Öffnungen in den tauben Ohren, und
der verschlossene Mund, der unfähig war, das Wort zu gebären, gebar
das Lob dessen, der seine Unfruchtbarkeit mit der Geburt von Worten
fruchtbar machte. Jener also, der dem Adam gegeben hatte, plötzlich
ohne Unterweisung zu sprechen, der gab den Stummen, dass (ihre)
Zungen die schwerlich unterwiesen werden konnten, mit Leichtigkeit [2]
sprachen.

XI

(Die Heilung des Stummen und des Blinden und die Erschaffung
des Menschen; das Symbol des Speichels)

Siehe, wieder eine andre Frage tat sich auf, zu untersuchen, mit
welchen Zungen zu reden unser Herr die Stummen befähigte, jene
(Stummen), die von allen Zungen zu ihm gekommen waren. Und wenn
dies zu erkennen leicht ist, dann wollen wir uns dem zuwenden, was
grösser ist als das, nämlich zu erkennen, dass durch den Sohn der erste
Mensch erschaffen worden ist. Daraus nämlich, dass stummen Menschen das Wort (wieder) gegeben wurde, lasst uns erkennen, dass
durch ihn das Wort Adam, ihrem ersten Vater, gegeben wurde. Auch
hier wurde die mangelhafte Natur von unserem Herrn ausgefüllt.
Wer nun den Mangel der Natur auszufüllen imstande ist, von dem
weiss man, dass durch ihn die Fülle der Natur besteht. Es gibt aber
keinen grösseren Mangel, als dass ein Mensch ohne Sprache geboren wird.
Denn wenn wir durch das Wort alle Geschöpfe überragen [1], dann ist das
Fehlen des Wortes der allergrösste Mangel. Jener also durch den dieser
ganze Mangel ausgefüllt wurde, von dem weiss man, dass durch ihn
jede Fülle besteht. Weil durch ihn die Glieder im Mutterschoss auf
verborgne Weise jede Vollendung erhalten, wurde durch ihn auf sichtbare Weise der Mangel (der Stummen) behoben, damit wir einsehen
möchten, dass durch ihn zu Beginn der ganze Körper gebaut wurde.

Er spuckte auf seine Finger und legte sie in die Ohren des Tauben [2]
und er formte Lehm von seinem Speichel und strich (ihn) auf die Augen
jenes Blinden [3], damit wir einsähen, dass wie in den Augen jenes Blin-

---

[2] Ephr. : *dlilâ'it* Peš u. VS in v. 35 : *pšiqâ'it.*

[1] Vgl. *SdF II*, 251 u. *Pr. Ref. I*, 113, 5 u. OVERBECK, S. 21, 17 ff. ; 22, 13 ff.   [2] *Marc.*,
VII, 33.   [3] *Jo.*, IX, 6.

den vom Mutterschoss an [4] ein Mangel war, auch in den Ohren dieses
Tauben ein Mangel war. So wurde ein Mangel unserer Masse [5] durch
den Sauerteig [5] aus seinem vollendeten Körper behoben. Es ziemte
sich nämlich nicht, dass unser Herr ein (Glied) seines Körpers abge-
schnitten und (so) die Mängel andrer Körper beseitigt hätte. Vielmehr
hat er durch etwas, das (leicht) von ihm genommen werden konnte,
den Mangel der Mangelhaften ausgefüllt, wie ihn (auch) durch etwas,
das gegessen werden kann, die Sterblichen essen. So behob er also den
Mangel und erweckte er Sterbliche, damit wir erkennen möchten,
dass durch den Körper, in dem die Fülle wohnte, der Mangel der
Mangelhaften ausgefüllt wurde, und dass von jenem Körper, in dem
das Leben wohnte, das Leben den Sterblichen gegeben wurde.

XII

(Fortsetzung; das Pfingstwunder)

Die Propheten hatten alle Wunderzeichen getan, nirgendwo aber
fehlende Sinne [1] ersetzt. (Solcher) Mangel des Körpers blieb aufge-
spart, damit er durch unsern Herrn ausgefüllt werde, damit die Seelen
erkennen möchten, dass durch ihn jeder Mangel behoben werde. Die
Einsichtigen müssen erkennen, dass derjenige, der den Mangel der
Geschöpfe ausfüllt, die Kunst des Schöpfers besitzt. Als unser Herr
auf Erden weilte, gab er Taubstummen das Gehör und dass sie Zungen
redeten [2], die sich nicht gelernt hatten, damit man nach seiner Himmelfahrt wisse, dass er seinen Jüngern es gab, in allen Zungen zu sprechen [2].

XIII

(Das Weiterleben Christi in den Wundern seiner Jünger; Körper und Kleid Christi bei seinen Heilungen)

Es wähnten die Kreuziger, dass unser Herr gestorben sei und mit
ihm auch seine Wunderzeichen. Es zeigte sich aber, dass seine Wunder-

---

[4] Die Wendung von *Jo.*, IX, 1. Ephr. u. Peš : *d-men kres emmeh* VS : *men karseh
d-emmeh*.   [5] Vgl. 1 *Cor.*, V, 6 f.

[1] Wörtlich « Glieder », was bei Ephr. häufig für « Sinnesorgane » steht: hier noch
enger gleich « Sinne ».   [2] Im ersten Fall fehlt das *be-*, welches nach dem griech.
glôssais in 1 *Cor.*, XIII, 1 ff. u. *Act.*, II, 4 zu erwarten wäre und das sich auch an der
zweiten Stelle findet : *b-kul lešân,* Peš : *b-lešân lešân.*

zeichen (weiter) lebten in seinen Jüngern, damit die Mörder einsehen sollten, dass der Herr der Wunderzeichen lebt. Verwirrung stifteten zuerst die Behauptungen seiner Mörder, dass seine Jünger seinen Leichnam gestohlen hätten [1]. Dann aber brachten seine durch die Jünger gewirkten Wunderzeichen diese (Behauptungen) in Verwirrung. Jene Jünger, von denen man glaubte, dass sie den toten Leichnam gestohlen hätten, fand man, wie sie die Leichen anderer zum Leben erweckten. Es beeilten sich die Kreuziger, zu behaupten, seine Jünger hätten seinen Leichnam gestohlen [1], um in die Schmach verstrickt zu werden, die (bald) aufgedeckt werden sollte : die Jünger, die den toten Leichnam den lebenden Wächtern stahlen, fand man, wie sie im Namen des Gestohlenen den Tod verjagten, damit er nicht das Leben der Lebenden stehle.

Unser Herr gab also den Tauben das Gehör in der Zeit vor seiner Kreuzigung, damit nach seiner Kreuzigung alle Ohren seine Auferstehung vernehmen und glauben möchten. Denn schon zuvor kam seine Wahrheit an unser Ohr im Sprechen der Stummen, das von ihm gelöst wurde, damit man an der Botschaft der Rede (von seiner Auferstehung) nicht zweifle. Auf jede Weise waffnete sich unser Erlöser, damit er auf jede Weise uns dem entreisse, der uns gefangennahm. Denn nicht nur (die Waffe) des Körpers legte unser Herr an ; auch in Glieder und Kleider hüllte er sich, damit durch sie die Bresthaften ermutigt würden, sich dem Schatz der Heilungen zu nähern, damit die durch seine Liebe Ermutigten sich seinem Körper und die von seiner Furcht Erschreckten seinem Kleid sich nähern möchten. Der einen nämlich erlaubte es ihre Furcht nur, den Saum seines Mantels [2] zu berühren, eine andre liess ihre Liebe bis zu seinem Fleisch eilen, es zu berühren. Durch jene (erstere), die sich Heilung aus seinen Kleidern holte, wurden diejenigen beschämt, die sich nicht Heilung aus seinen Worten holten ; und durch jene (letztere), die seine Füsse küsste [3], wurde jener geschmäht, der seine Lippen nicht küssen wollte [4].

---

[1] Vgl. *Matth.*, xxviii, 13.   [2] Ephr. : *kenfâ d-marṭūṭeh*, was nur VS in *Matth.* ix, 20 hat (Peš : *qarnâ da-lbūšeh*, und in *Luc.*, viii, 44 Peš : *kenfâ d-mâneh* ; VS : *kenfâ d-naḥteh*). [3] Vgl. *Luc.*, vii, 38.   [4] Vgl. *Luc.*, vii, 15.

XIV

(Die Sünderin von Luc. VII)

Es gab aber unser Herr Grosses durch Kleines, um kund zu tun, wessen diejenigen beraubt wurden, die das Grosse verachteten. Denn wenn vom Saum seines (Kleides) eine derartige Heilung insgeheim genommen wurde, wer könnte dann die Heilung fassen, die seine Worte offen gaben. Und wenn durch das Küssen seiner Füsse unreine Lippen geheilt wurden, um wie viel mehr werden durch den Kuss seines Mundes reine Lippen geheilt werden! Die Sünderin empfing für ihre Küsse die Güte der heiligen Füsse, die sich gehend abgemüht hatten, um ihr Nachlass der Sünden zu bringen. Sie erquickte mit kostenlosem [1] Öl die Füsse ihres Arztes, welche ihr kostenlos den Schatz der Heilungen für ihre Leiden gebracht hatten. Denn nicht des Magens wegen wurde eingeladen, der die Hungrigen sättigt, sondern wegen der Busse der Sünderin lud sich selber ein, der die Sünder rechtfertigt.

XV

(Fortsetzung)

Nicht nach den Leckerbissen des Pharisäers trug unser Herr Verlangen sondern nach den Tränen der Sünderin. Als er sich gesättigt und erquickt hatte an den Tränen, nach denen er hungerte, tadelte er hinwieder jenen, der zu vergänglicher Speise ihn eingeladen hatte, um zu zeigen, dass er nicht wegen körperlicher Speise eingeladen worden war sondern wegen geistiger Hilfe. Denn nicht wegen eines üppigen Mahles hatte sich unser Herr zu den Essenden und Trinkenden gesellt, wie der Pharisäer glaubte, sondern um in die Speise der Sterblichen für sie seine Lehre wie eine Arznei zu mischen. Wie nämlich anlässlich der Speise der Böse den Stammeltern seinen bittren Rat gegeben hatte, so gab der Gütige bei Gelegenheit der Speise seinen leben(spendenden) Rat den Kindern Adams. Er war nämlich ein Jäger, der herabstieg, um das Leben der Verlorenen zu fangen. Er sah, dass die Zöllner und Dirnen der Ausschweifung und Trunkenheit nacheilten, und eilends legte er seine Netze in ihren Zusammenkünften

---

[1] Meint wohl das Öl, das sie verschwendete; vgl. *Luc.*, vii, 39.

aus, um sie von der Speise, die den Körper gedeihen lässt, weg zu
fangen für das Fasten, das den Geist gedeihen lässt.

XVI

(Der Pharisäer Simon und die Sünderin)

Vieles setzte der Pharisäer unserem Herrn beim Gastmahl vor, und
nur weniges tat ihm dort die Sünderin. In seinen vielen Speisen liess
(der Pharisäer) unseren Herrn die Kleinheit seiner Liebe kosten, jene
aber liess in ihren Tränen unsern Herrn die Grösse der Liebe kosten.
Jener, der ihn zu dem grossen Mahl eingeladen hatte, wurde getadelt
wegen der Kleinheit seiner Liebe; jene aber tilgte [1] mit ihren kleinen
Tränen den grossen Schuldschein [1] ihrer Sünden. Simon, der Pharisäer,
hatte unseren Herrn aufgenommen in der Meinung, er sei ein Prophet,
wegen der Wunderzeichen, nicht aus Glauben. Er war ja ein Israelit.
Wenn die Wunderzeichen sich nahten, dann nahte sich auch (ein solcher) dem Herrn der Zeichen; wenn aber die Wunderzeichen aufhörten,
stand auch er entblösst, ohne Glauben da. Auch Simon hielt, wenn er
unsern Herrn bei Wunderzeichen sah, ihn für einen Propheten. Wenn
aber unser Herr ohne Wunderzeichen war, dann kam über ihn
der Zweifel seiner Volksgenossen an ihm. «Wenn dieser ein Prophet
wäre, wüsste er, dass diese eine Sünderin ist.» [2] Unser Herr, für den
überall alles leicht ist, blieb auch dort nicht ohne Wunderzeichen.
Er sah nämlich, dass der blinde Geist des Pharisäers von ihm sich
entfernte, weil er nur ein wenig die Wunder beiseite gelassen hatte.
Irrend nämlich sprach er : «Wenn dieser ein Prophet wäre, wüsste
er.» [2] Mit diesem Gedanken also zweifelte der Pharisäer an unserem
Herrn, er sei (wohl) kein Prophet. Eben durch diesen Gedanken erfuhr
er aber, dass er der Herr der Propheten ist. Denn unser Herr wollte von
dort her ihm Hilfe bringen, von wo der Irrtum über ihn gekommen
war.

XVII

(Das Gleichnis der zwei Schuldner; der Unglaube des Pharisäers)

Es erzählte ihm unser Herr das Gleichnis der zwei Schuldner und

---

[1] Die Ausdrücke von *Col.*, II, 14.   [2] *Luc.*, VII, 39.

stellte ihn als Schiedsrichter auf, um aus seiner Rede jenen zu fangen,
in dessen Herz die Wahrheit nicht war. « Der eine war ihm fünfhundert
Denare schuldig.» [1] Hier gab unser Herr dem Pharisäer einen Hinweis
auf die Menge der Schuld der Sünderin. Jener also, der von unserm
Herrn annahm, dass er nicht einmal wisse, dass sie eine Sünderin sei,
sah sich in die Lage versetzt, von ihm zu vernehmen, wie gross die
Schuld ihrer Sünden sei. Der Pharisäer, der glaubte, dass unser Herr
nicht wisse, « wer sie sei und was für eine (Frau) sie sei, dass sie eine
Sünderin sei» [2], wurde dabei ertrappt, dass er nicht wusste, wer und
was für ein (Mann) unser Herr war. Da wurde er in seinem Irrtum
zurechtgewiesen, er, der seinen Irrtum gar nicht bemerkte. Es entging
nämlich dem Irrenden, zu wissen, dass er irrte. Er wurde aber daran
ermahnt von dem, der gekommen war, die Irrenden zu ermahnen.
Jener Pharisäer sah grosse Wunderzeichen aus der Hand unseres
Herrn wie Israel aus der Hand des Moses. Aber da ihm der Glaube
fehlte, so dass an den Glauben die Wunder sich hätten heften können,
die er sah, (darum konnte schon) ein kleiner Anlass, der sich einstellte,
sie umwirksam machen. « Wenn dieser ein Prophet wäre, dann wüsste
er, dass diese eine Sünderin ist.» [3] Er gab die Wunder preis und Blindheit kam über ihn aus einem unbedeutenden Anlass. Er war ja ein
Israelit. Diesem (Volk) waren bittere Wunderzeichen gefolgt bis zum
(Roten) Meer, damit es sich fürchte, und gesegnete Wunder in der
öden Wüste, damit es sich heimisch fühlte. Aber, ohne Glauben, war
es aus einem geringen Anlass undankbar gegen sie. « Wir wissen nicht,
was jenem Moses, der uns heraufgeführt hat, zugestossen ist.» [4] (Das
Volk) gab es auf, auf die Wundertaten, die es umgaben, zu schauen,
es schaute nach Moses aus, der fern war, um durch diesen nahen
Anlass sich dem ägyptischen Heidentum zu nähern. Moses war ihnen
ein wenig entzogen worden, damit das Kalb erscheine, das ihnen vor-
schwebte, damit sie jenes auch offen anbeteten, das sie verborgen in
ihren Herzen trugen.

---

[1] *Luc.*, VII, 41 (Ephr. hat das *leh* der VS gegen Peš).   [2] *Ibid.*, 39 (Ephr. wie Peš
gegen VS).   [3] Die verkürzte Form von *Luc.*, VII, 39.   [4] *Ex.*, XXXII, 1 (Ephr. wie
Peš, nur mit einigen Auslassungen).

XVIII
(Moses, Israel und das goldene Kalb)

Als nun ihr Heidentum von der Verborgenheit ans Tageslicht trat,
da erschien auch Moses offen aus seiner Verborgenheit, um offen die
Strafe zu vollziehen an denen, deren Heidentum unter der heiligen
Wolke, die sie überschattete, ertappt worden war. Es hatte aber Gott
den Hirten für vierzig Tage der Herde entzogen, damit die Herde
verrate, dass ihr Vertrauen am Kalb hing, (das Vertrauen) jener
Herde, die Gott in aller Üppigkeit weidete. Sie machte sich jenes
Kalb zum Hirten, das gar nicht weiden konnte. So war Moses, ihr
Zuchtmeister, ihnen entzogen worden, damit das Heidentum in ihrem
Mund schreie, welches der Zwang des Moses in ihrem Herzen zum
Schweigen gebracht hatte. Sie schrien nämlich : « Mach uns Götter,
die uns voranziehen ! » [1]

XIX
(Anwendung auf das Verhalten des Pharisäers)

Als nun Moses beim Herabsteigen sah, dass ihr Heidentum in der
weiten Wüste mit Pauken und Zymbeln tobte, brachte er eilends
ihren Wahnsinn zur Besinnung durch die Leviten und die gezückten
Schwerter. Auch hier verbarg unser Herr ein wenig sein Wissen, als
jene Sünderin ihn berührte, damit im Pharisäer sein widerspenstiges [1]
Denken Form gewinne, wie das bittere Kalb, das seine Väter geformt
hatten. Wie nun im Pharisäer sein Irrtum sich ganz gesammelt hatte,
da offenbarte sich ihm das Wissen unseres Herrn und es zerstreute den
Irrtum. « Ich betrat dein Haus, du gabst nicht Wasser meinen Füssen,
Diese aber netzte sie mit ihren Tränen. » [2] « Deswegen sind ihre vielen
Sünden verziehen [3]. » Der Pharisäer aber wurde, wie er hörte, dass der

---

[1] *Ex.*, xxxii, 1 (wie Peš).

[1] So B mit dem Wortspiel : *marîdâ-marîrâ* (bitter); Hs A hat *prîšâ* (geteilt, ge-
trennt), lautend wie *prîšâ* Pharisäer.   [2] *Luc.*, vii, 44. Im ersten Satz Wörter u. Stel-
lung wie in VS u. Peš, aber ohne das *lî*, das VS an *ya(h)bt* anfügt; im zweiten hat Ephr.
hâdê mit Peš gegen VS : *hî* u. ändert *reglay šab'at* von Peš u. VS in : *šab'at enên*.   [3] *Ibid.*,
47. Ephr. mit VS : *meṭul hânâ* gegen Peš : *ḥlâf hadê*.

Herr ihre Sünden zahlreich nannte, sehr beschämt wegen seines grossen
Irrtums, da er geglaubt hatte, dass unser Herr nicht einmal wisse,
dass sie eine Sünderin sei. Es stellte sich nämlich unser Herr zuerst,
als ob er jene Sünderin nicht kenne. Denn er liess jenen, der seine
Wunderzeichen gesehen hatte. seinen zweifelnden Sinn verraten,
damit man wisse, dass sein Sinn in den Unglauben seines Volkes verstrickt sei. Der Arzt aber, der mit seinen Arzneien das verborgene
Leiden an den Tag bringt, fördert nicht das Leiden sondern behebt es.
Denn wenn das Leiden verborgen ist, herrscht es in den Gliedern, wenn
es aber durch Arzneien an den Tag gebracht wird, wird es ausgetilgt.
Grosses hatte also der Pharisäer gesehen und wegen einer Kleinigkeit
zweifelte er. Als nun unser Herr sah, dass in seinem Sinn eine Kleinigkeit Grosses klein werden liess, gab er ihm eilends kund, nicht nur,
dass sie eine Sünderin sei, sondern auch, dass sie viele Sünden habe,
damit durch Kleines jener beschämt werde, der nicht an die staunens-
werten Wunder glaubte.

XX

(Israel, Pharisäer und Sünderin)

Gott gab Israel Zeit, sein Heidentum in der weiten Wüste auszu-
breiten, um es mit dem scharfen Schwert zu beschämen, damit ihr
Heidentum sich nicht unter die Völker verbreite. Unser Herr liess es
zu, dass jener Pharisäer Verkehrtes denke, damit er hinwieder den
Stolzen mit Recht beschäme. Denn über das, was die Sünderin recht
tat, dachte der Pharisäer verkehrt. Unser Herr hinwieder beschämte
ihn wegen der rechten Dinge, die er verkehrt vorenthalten hatte.
« Ich betrat dein Haus; Wasser hast du meinen Füssen nicht gegeben »[1],
eine Verweigerung des Gebührenden. « Diese aber netzte sie mit Tränen »[2], die Erstattung des Gebührenden. « Mit Salbe hast du mich
nicht gesalbt »[3], ein Zeichen der Nachlässigkeit. « Diese aber hat mit
duftendem Öl meine Füsse gesalbt »[4], ein Zeichen des Eifers. « Du hast
mich nicht geküsst »[5], ein Zeichen des Hasses. « Diese aber hat nicht

---

[1] *Luc.*, VII, 44, hier mit dem Zusatz des *lī* der VS, gegen die Form des gleichen Zitats
im vorangehenden Abschnitt. [2] Fortsetzung des Zitates mit einem blossen *enēn* für
reglay. [3] *Luc.*, VII, 46. Wie Curetonianus ohne das *l-rēš(ī)* der Peš und ohne das
reglay des Sinaiticus! [4] Fortsetzung des Zitats. Ephr. hat zwar zu Beginn das *hād ē*
dēn der Peš (gegen *hāy dēn* der VS) aber dann Reihenfolge der Wörter wie VS gegen Peš
u. auch *mešḥā d-basīmā* mit VS gegen *mešḥā d-besmā* (Peš). [5] *Luc.*, VII 45.

aufgehört meine Füsse zu küssen » [6], ein Zeichen der Liebe. Unser
Herr rechnete und zeigte, dass jener Pharisäer all das ihm vorenthalten
habe. Die Sünderin trat ein und erstattete alles, was jener vorenthalten hatte. Weil sie also die Schulden jenes Undankbaren erstattet
hatte, erliess ihr der Gerechte ihre Sündenschuld.

XXI

(Menschheit und Gottheit Christi in der Auseinandersetzung mit
den Pharisäern)

Während nun der Pharisäer zweifelnd (dachte), dass unser Herr kein
Prophet sei, verpfändete er sich selber der Wahrheit ohne es zu merken.
« Denn wenn dieser ein Prophet wäre, wüsste er, dass diese ein Sünderin
ist. » [1] Also, wenn es sich herausstellt, dass unser Herr wusste, dass sie
eine Sünderin ist, dann ist er nach deinem Wort, o Pharisäer, ein Prophet. Darum offenbarte eilends unser Herr, dass sie nicht nur eine
Sünderin sondern auch eine grosse Sünderin war, damit den Leugner
das Zeugnis seines eignen Mundes widerlege. Denn er war ein Genosse
jener, die gesagt hatten : « Wer kann Sünden vergeben ausser Gott
allein ! » [2] Es nahm nun unser Herr von ihnen das Zeugnis : Wer Sünden
nachlassen kann, ist Gott. Daraus entstand jener Wettkampf, dass
unser Herr ihnen zeigen wollte, ob er Sünden nachlassen könne oder
nicht. Eilends heilte er die sichtbaren Glieder, damit man daran
glaube, dass er die unsichtbaren Sünden nachlasse. Es sprach nämlich
unser Herr vor ihnen ein Wort, von dem man glaubte, dass es seinen
Sprecher fangen werde, von dem sie aber, als sie eilten, ihn nach ihrem
Willen zu fangen, nach seinem Willen gefangen werden sollten. « Fürchte
nicht, mein Sohn ! Deine Sünden sind dir nachgelassen. » [3] Als sie nun
eilten, ihn unter (der Anklage) der Lästerung zu fangen, da verpfändeten
sie sich selber der Wahrheit ohne es zu merken. Denn « wer kann
Sünden nachlassen ausser Gott allein. » Es wies sie also unser Herr zurecht : Wenn ich gezeigt habe, dass ich Sünden nachlasse, dann bleibt,
auch wenn ihr nicht glaubt, dass ich Gott bin, bei jenem eurem Wort,

---

[6] Fortsetzung des Zitates. Wieder hat Ephr. das *hâdē dēn* der Peš gegen *hây dēn* der
VS; im übrigen wie Peš u. VS.

  [1] *Luc.*, VII, 39, die verkürzte Form wie in Abschnitt 17.   [2] Die Form (*balḥōd*) von
Luc., V, 21 (Peš u. VS) gegen Peš in *Marc.* II, 7 (*ḥad*).   [3] Nur *Matth.*, IX, 2 u. zwar VS
gegen Peš.

das feststeht : Gott lässt die Sünden nach. Um also zu belehren, dass er
Sünden nachlasse, liess unser Herr jenem (Kranken) seine Sünden
nach, und er liess ihn sichtbar sein Bett tragen, damit man wegen des
Bettes, des Trägers, der getragen wurde, glauben möge, dass die
Sünde, die Mörderin getötet wurde. Das ist wunderbar, dass dort, als
unser Herr sich selbst Menschensohn [4] nannte, seine Feinde, ohnes es
zu merken, ihn zu Gott machten, der die Sünden nachlässt. Wie also
jene glaubten, sie hätten ihn mit ihren Listen gefesselt, verstrickte er
sie in ihre eignen Listen. Während sie also ihre Listen schlau ersannen,
schuf er sie um zu einem Zeugnis für seine Wahrheit. Ihre bösen
Gedanken wurden für sie zu bitteren Fesseln. Damit sie sich aber nicht
von ihren Fesseln lösten, festigte sie unser Herr dadurch, dass er (den
Kranken) heilte : « Steh auf, nimm dein Bett und geh nach Hause ! » [5]
Denn es war unmöglich, dass nun das Zeugnis, dass er Gott sei, wieder
entkräftigt würde, weil er Sünden nachgelassen hatte. Es war auch
nicht als unwahr erwiesen worden, dass er Sünden nachgelassen habe,
weil er ja die Glieder geheilt hatte. Denn unser Herr verband seine
unsichtbaren Zeugnisse mit den sichtbaren, damit das Zeugnis, das
von den Leugnern stammte, diesen den Atem raube. Unser Herr
bewirkte also, dass ihre Gedanken gegen sie selber kämpften, weil
sie mit jenem Gütigen kämpften, der durch seine Heilungen gegen
ihre Leiden gekämpft hatte.

Was nämlich Simon der Pharisäer dachte und was die Schriftgelehrten [6], seine Genossen, dachten, dachten sie insgeheim in ihren
Herzen. Unser Herr aber brachte es an den Tag. Ihren unsichtbaren
Gedanken also gab unser Herr Gestalt vor ihren (Augen), damit sie
einsehen sollten, dass sein Wissen ein Spiegel ist, der ihre Geheimnisse
offenbar macht. Weil sie ihn nicht in seinen sichtbaren Wunderzeichen
sahen, sollten sie ihn sehen, wie er ihren geheimen Gedanken Gestalt
gab. Ihre Herzen sollten wenigstens daraus, dass er sie erforschte,
fühlen, dass er Gott sei. Sie sollten wenigstens, wenn sie sahen, dass
vor ihm ihre Gedanken nicht verborgen bleiben konnten, aufhören,
von ihm Schlechtes zu denken. Sie dachten nämlich Böses in ihren
Herzen ; er aber brachte es an den Tag. Sie sollten durch jenes (Wort) :

---

[4] Das Wort von *Matth.*, ix, 6 (*Marc.*, ii, 10; *Luc.*, v, 24).   [5] *Matth.*, ix, 6
(*Marc.*, ii, 11; *Luc.*, v, 24); wie Peš u. VS.   [6] Das Wort von *Matth.*, ix, 3 (*Marc.*,
ii, 6; bei *Luc.*, v, 21 zusammen mit den Pharisäern).

« Was denkt ihr Böses in eurem Herzen ? » [7], dadurch, dass unser Herr
ihre geheimen Gedanken sah, seine geheime Gottheit sehen, jene Gottheit, die eben durch das, womit die Irrenden sie lästerten, durch eben
diese Lästerung von ihnen erkannt wurde. Wegen des Körpers nämlich
lästerten sie unsern Herrn und glaubten sie, er sei nicht Gott. Und sie
(wollten) ihn von der Höhe in die Tiefe werfen [8]. Aber eben durch den
Körper wurde von ihnen erkannt, dass er Gott sei, dadurch, dass man
fand, wie er durch sie hindurch ging [9]. Sie zeigten von ihm dadurch,
dass sie ihn in die Tiefe stürzen wollten dies, dass der himmlische
Gott nicht körperlich gezeugt wurde; er aber lehrte ihnen durch sein
Emporeilen zur (himmlischen) Höhe dies, dass der Körper, der in die
Tiefe gestürzt werde sollte, nicht seine Natur [10] ist, die mehr zur
Höhe als zur Tiefe eilte. Weil er mit dem aus der Tiefe stammenden
Körper in die Luft empor (ent)eilte, möge man den Gott (kennen)
lernen, der in seiner Güte vom Himmel zur Erde herabstieg.

XXII

(Die Milde des Herrn dem Pharisäer Simon gegenüber)

Warum aber hat unser Herr statt einer harten Zurechtweisung ein
überredendes Gleichnis jenem Pharisäer gegeben? Er gab ihm in Milde
ein Gleichnis, damit der Verkehrte gewonnen würde, sich daran zu
machen, seine Verkehrtheiten, ohne es zu merken, abzulegen. Wasser,
das durch das Stürmen kalter Winde erstarrt, löst der Hauch der
Sonne in Ruhe. Nicht trat ihm also unser Herr sofort mit Härte gegenüber, um nicht dem Widerspenstigen Raum zu geben, sich noch einmal
zu widersetzen. Er lockte ihn und führte (so) unters Joch, um mit dem
Widerspenstigen, einmal unter das Joch gespannt, nach seinem Willen
zu pflügen. Weil Simon stolz dachte, begann unser Herr demütig, damit
nicht der Belehrende wie ein Betörender [1] werde. Denn wenn der Pharisäer den Stolz der Pharisäer erworben hatte, wie hätte dann unser Herr
ihn Demut erwerben lassen können, wenn der Schatz der Demut nicht in
seiner Gewalt gewesen wäre. Aber da unser Herr allen Menschen Demut

---

[7] Die Form von *Matth.*, IX, 4 (Peš, VS fehlt).   [8] Vgl. *Luc.* IV, 29.   [9] *Luc.*, IV, 30,
Wortstellung wie VS gegen Peš.   [10] Singularisch gebraucht; vgl. *Reden*, S. 86 ff..

[1] Zunächst würde man neben *malpânâ* das synonyme *msakklânâ* erwarten, das hier
aber keinen Sinn ergibt. Für ein *sakkel* zu *skel* = stultus in Entsprechung zu dem hebr.
sikkel (*hiskîl*) gibt der Thes wenigstens ein Beispiel aus der Peš.

lehrte, zeigte er, dass sein Schatzhaus arm ist an Früchten des Stolzes.
Unsertwegen geschah das, damit er uns belehre, dass der Stolz alle
Schätze, in die er eindringt, durch sein Prahlen zerstreut. Deswegen
« soll deine Linke nicht wissen, was deine Rechte tut. » [2]

Nicht also machte unser Herr Gebrauch von harter Zurechtweisung,
weil sein Kommen (das Kommen) der Güte war. Nicht aber liess er die
Zurechtweisung (ganz) schweigen, weil sein letztes Kommen (das Kommen) der Vergeltung ist. Er flösste ihnen Schrecken ein bei seinem
Kommen in Niedrigkeit; denn schrecklich ist es, in seine Hände zu
fallen [3], wenn er in der Feuerflamme kommen wird. Grösser aber ist
die Zahl der Hilfen, die unser Herr mit (milder) Überredung gab als
(der Hilfen), die er mit Zurechtweisung (gab). Milder Tau löst die Erde
und dringt ganz in sie ein. Heftiger Regen aber macht die Erdober-
fläche fest und hart, sodass sie ihn nicht aufnimmt. « Ein hartes Wort
erregt Zorn. » [4] Am harten Wort hängt also der Zorn und am Zorn
hängen die Schäden. Und wenn du das Tor des harten Wortes auf-
gemacht hast, tritt der Zorn ein und zugleich mit dem Zorn treten,
ihm auf dem Fuss folgend, die Schäden ein.

XXIII

(Fortsetzung)

Weil nun im Gefolge eines milden Wortes alle Hilfen sind, hat von
ihm jener Gebrauch gemacht, der kam, um zu helfen. Sieh nun, wie
stark die Kraft des demütigen Wortes ist, durch das heftiger Zorn sich
legt und die Wogen eines erregten Sinnes sich befriedigen. Vernimm,
was jener Pharisäer dachte : « Wenn dieser ein Prophet wäre, wüsste
er » [1], Der Geschmack von Spott und Schmähung liegt darin. Vernimm,
was unser Herr dagegen ersann : « Simon ich habe dir etwas zu sagen. » [2]
Der Geschmack von Liebe und Zurechtweisung liegt darin. Denn das
ist ein Wort, wie es Freunde mit ihren Freunden sprechen. Denn wenn
ein Feind seinen Feind tadelt, dann spricht er nicht so. Die Wut des
Zornes lässt es nicht zu, dass Feinde wie mit Verstand miteinander
reden. Jener aber, der ein Fürbitter für seine Kreuziger wurde, (sprach
so), um wissen zu lassen, dass die Wut des Zornes in ihm nicht herrsche.

---

[2] *Matth.*, VI, 3 (Peš u. VS).   [3] *Hebr.*, X, 31 (Peš).   [4] *Prov.*, XV, 1 (Peš).
[1] *Luc.*, VII, 39 (Peš u. VS).   [2] *Luc.*, VII, 40 (mit der Nachstellung des *medem* wie VS
gegen Peš).

Er wird der Peiniger seiner Kreuziger sein; (und doch sprach er so),
um zu zeigen, dass er Einsicht walten lassen wird und nicht Zorn.

XXIV

(Christus gewinnt den Pharisäer durch seine Milde)

So stellte also unser Herr an die Spitze seiner Rede das Wort der
Eintracht, um mit seiner Eintracht jenen Pharisäer zu befrieden, der
in seinem Sinn Spaltung und Trennung schuf. Dies ist der Arzt, der
gegenüber dem Gegner seine Hilfe hervorholte. So schuf unser Herr das
Gleichnis gleichsam zu einem Speer, und setzte oben darauf die Eintracht wie eine Lanzenspitze und salbte sie mit Liebe, die die Glieder
befriedet. Und wie sie in den eindrang, der voll Zwiespalt war, da wan-
delte er sich sofort von Zwiespalt zu Eintracht. Denn unmittelbar auf
jene demütige Äusserung unseres Herrn, in der er sagte : « Simon, ich
habe dir etwas zu sagen » [1], antwortete der geheime Schmäher mit
diesem Wort : « Sprich, Meister ! » [2] Denn der süsse Laut war in den
bitteren Sinn eingedrungen und hatte daraus eine süsse Frucht spriessen
lassen. Jener nämlich, der vor jenem Ausspruch insgeheim ein Schmä-
hender war, war nach ihm offenkundig ein Preisender. Denn Demut
unterwirft mit ihrer süssen Zunge auch ihre Feinde, sodass sie ihr Ehre
erweisen. Denn nicht an ihren Freunden erprobt die Demut ihre
Kraft, an ihren Hassern zeigt sie ihre Siege.

XXV

(Das Beispiel der Bekehrung des Apostels Paulus)

Die Waffe der Demut legte der himmlische König an und besiegte
damit den Widerspenstigen und gewann aus ihm ein gutes Wort als
verlässigen Bürgen. Das ist die Waffe, von der Paulus sagt : Mit ihr
demütigen wir « jede Höhe, die sich erhebt gegen das Wissen Gottes » [1].
Denn Paulus hatte eine Probe an sich selber erhalten : so wie er selbst
hochmütig gekämpft hatte und demütig besiegt worden war, so wird
jede Höhe besiegt, die sich gegen die Demut erhebt. Denn jenen Saul

---

[1] *Luc.*, VII, 40. Vgl. das gleiche Zitat im vorangehenden Abschnitt. Hier hat nur Hs B
die Nachstellung des *medem* wie VS, Hs A geht mit Peš.   [2] *Luc.*, VII, 40 (Peš u. VS).
[1] *2 Cor.*, X, 5 (Peš).

der auszog, um mit harten Worten die Jünger zu unterwerfen, unterwarf der Herr der Jünger mit demütiger Stimme. Denn als sich ihm jener offenbarte, dem alles zur Verfügung steht, da liess er alles beiseite und nur mit Demut sprach er zu ihm, um uns zu lehren, dass mehr als alles eine milde Zunge sich schickt für einen harten Sinn. Denn nicht Drohungen und Einschüchterungen hörte Paulus sondern schwache Worte, unfähig sich selber zu rächen. « Saul, Saul, warum verfolgst du mich ? »[2] Die Worte, die nicht einmal sich selber rächen zu können schienen, haben in Wirklichkeit gerächt und (Paulus) aus der Schar der Juden genommen (und) zu einem guten Gefäss[3] (gemacht). Jener, der voll war von dem bitteren Willen der Juden, wurde mit der süssen Verkündigung des Kreuzes angefüllt. Angefüllt mit dem Gift der Kreuziger hatte er die Kirchen verwirrt; angefüllt mit der Süssigkeit des Kreuzes erbitterte er die Synagogen der Kreuziger. Mit demütigen Worten also stritt unser Herr mit jenem, der mit harten Fesseln gegen seine Kirchen Krieg führte. Durch milde Überredung wurde er gefesselt, damit er nicht wieder die Jünger fesseln sollte. Vom Kreuz, welches das Böse zum Schweigen bringt, wurde jener gefesselt, den alle, die ans Kreuz geheftet sind, nicht fesseln und schlagen können. Und als Paulus aufhörte, die Jünger zu fesseln, wurde er selber von den Leugnern[4] in Fesseln gelegt. Und als er in Ketten lag, löste er mit seinen Fesseln die Fesseln des Heidentums.

XXVI

(Die Blendung des Apostels Paulus bei seiner Bekehrung)

« Saul, Saul, warum verfolgst du mich ? »[1] Jener, der die Verfolger in der Tiefe besiegte und die Herrschaft antrat über die Engel in der Höhe, sprach mit demütiger Stimme aus der (himmlischen) Höhe. Und jener, der, als er auf Erden weilte, zehn Wehe[2] seinen Kreuzigern gegeben hatte, hat, als er in der Höhe weilte, nicht ein einziges

---

[2] *Act.*, IX, 4 (XXII, 7 u. XXVI, 14) (Peš). [3] Das Nomen der Peš in *Act.*, IX, 15. [4] So nach der von Thes vorgeschlagenen Korrektur : *kâfōrē* statt des *pâkōrē* (das nicht belegte nomen agentis « Fessler ») der Hs. In beiden Fällen sind die Juden gemeint, die die Gefangennahme des Paulus durch die römischen Behörden in Jerusalem (Cäsarea) bewirkten.

[1] Vgl. Anm. 2 des vorangehenden Abschnitts. [2] Vgl. *Nat.*, 25, 10 u. *Eccl.* 27, 3 mit Anm.

Wehe dem Verfolger Saul gegeben. Es hatte aber unser Herr den
Kreuzigern die Wehe gegeben, um seine Jünger zu belehren, sie sollten
denen, die sie töten, nicht schmeicheln. Es sprach aber unser Herr
demütig aus der Höhe, damit (auch) die Vorsteher seiner Kirchen
demütig sprechen sollten.

Doch wenn jemand einwenden sollte: wie hat unser Herr demütig mit
Paulus gesprochen? Sind doch die Augen des Paulus hart geschlagen
worden, dann soll er wissen, dass diese Schädigung (der Augen) nicht
(das Werk) unseres barmherzigen Herrn war, der dort demütig sprach,
sondern (das Werk) jenes starken Lichtes, das dort erstrahlte. Und
jenes Licht hat nicht wie zur Vergeltung der Taten des Paulus ihm
Schaden zugefügt; nur wegen der Macht seiner Strahlen fügte es ein
Leid zu, wie er auch selber sagt : Als ich aufstand, « erkannte ich
nichts wegen der Herrlichkeit des Lichtes » [3]. Wenn herrliches Licht,
o Paulus, wie wurde dir dann das herrliche Licht zu einem blendenden
Licht? Es war ein Licht, das nach seiner Natur oben (im Himmel)
leuchtet. Unten (auf der Erde) erstrahlte es gegen seine Natur. Als es
oben leuchtete, war es erquickend. Als es aber unten erstrahlte, blendete es. Es war nämlich ein schädigendes und erfreuendes Licht,
schädigend und übermächtig für die Augen des Fleisches, erfreuend
und süss für jene aus Feuer und Geist [4].

XXVII

(Das himmlische Licht)

« Ich sah nämlich vom Himmel Licht, das das Licht der Sonne über-
traf, und es strahlte sein Licht über mir. » [1] Also masslos starke Strahlen
waren ausgegossen über schwache Augen, die von massvoll (geschwäch-
ten) Strahlen erquickt werden. Denn auch die Sonne ist mit Mass eine
Wohltäterin der Augen, über und ohne Mass dagegen eine Schädigerin
der Augen. Doch schadet sie ihnen nicht wie eine Rächerin aus Zorn.
Ist sie doch eine Freundin und eine Geliebte der Augen. Und das ist
verwunderlich, dass sie mit ihren milden Strahlen eine Wohltäterin
der Augen, mit ihren starken Strahlen aber eine Feindin und Schädigerin der Augen ist. Wenn nun schon die irdissche Sonne, die gleicher

---

[3] *Act.*, xxii, 11 (wie Peš, nur hat Ephr. *metbḫar* für *metḥzē*).   [4] Die Engel; vgl.
HdF, 10, 9.

[1] *Act.*, xxvi, 13 (Text der Peš, aber mit Umstellungen).

Natur mit den Augen ist, ihnen Schaden zufügt, durch ihre Stärke
und nicht aus Zorn, durch ihre Schärfe und nicht aus Wut, um wie viel
mehr (musste) dann das himmlische Licht, das gleicher Natur mit den
Himmlischen ist, durch seine Stärke jenem Irdischen schaden, der
plötzlich gegen seine Natur es erblickte. Denn wenn Paulus, der an
diese Sonne gewohnt war, von ihrer Stärke Schaden erlitt, wenn er
auf ungewohnte Weise sie erblickte, um wie viel mehr (musste) er von
der Herrlichkeit jenes Lichtes geschädigt werden, an das seine Augen
sich niemals gewöhnt hatten. Siehe auch Daniel zerfloss nach allen
Seiten vor der Herrlichkeit jenes Engels [2], dessen mächtiger Glanz
plötzlich über ihm erstrahlte, und nicht etwa wegen der Wut des
Engels zerfloss die menschliche Schwäche, wie auch nicht wegen der
Wut und der Feindschaft des Feuers vor ihm das Wachs zergeht; nur
wegen seiner Schwäche kann das Wachs nicht vor dem Feuer aus-
dauern. Wenn also beide sich nähern, siegt die Stärke des Feuers aus
eignem; die Schwäche des Wachses aber sinkt hinwieder unter die
anfängliche Schwäche.

XXVIII
(Die Herrlichkeit des Engels und Daniel)

Die Herrlichkeit des Engels zeigte sich in ihrer (Natur); die Schwachheit des Fleisches hielt nicht stand. « Mein Inneres änderte sich zum
Verderben. » [1] Doch auch Menschen sehen Mitmenschen und schwinden
dahin vor ihnen; aber nicht wegen ihres hellen Glanzes erzittern sie
sondern wegen ihres harten Willens. Es fürchten sich nämlich die
Knechte vor dem Zorn ihrer Herren, und es zittern die Angeklagten aus
Furcht vor ihren Richtern. Daniel aber stiess dies nicht zu wegen einer
Drohung oder wegen des Zornes des Engels sondern wegen seiner
schreckenerregenden Natur und wegen seines starken Glanzes. Denn
nicht mit einer Drohung kam zu ihm der Engel. Denn wäre er mit
einer Drohung gekommen, wie wäre dann immerfort der drohende
Mund voll des Friedensgrusses gewesen. Friede sei dir, « Mann des
Verlangens »! [2] Und jener Mund, die Quelle der Donnerstimmen,
— denn « die Stimme seiner Worte war wie die Stimme vieler Heere » [3]
— dieser Mund also wurde zu einer Quelle, die nur das « Friede » in

---

[2] Vgl. *Dan.*, x, 8.

[1] *Dan.*, x, 8 (Peš).   [2] Dan., x, 10 (Peš).   [3] *Dan.*, x, 6 (Peš).

sich trug. Und als dies zu den erschrockenen Ohren drang, die nach
dem stärkenden Friedensgruss dürsteten, da brach hervor und ergoss
sich der Trank seines Friedensgrusses und die Ohren, die erschrocken
waren vor seinem ersten Laut, wurden gestärkt durch den abschlies-
senden Friedensgruss. « Es spreche mein Herr; denn ich bin gestärkt
worden. » [4] Um ihm nicht in jener herzerschreckenden Erscheinung
die Botschaft zu bringen, deswegen grüsste zuvor die Erhabenheit (des
Engels) die Kleinheit (des Menschen) und durch den erfreuenden Gruss,
den jene Erhabenheit gab, die erschreckt hatte, wurde der Gedanke
der Furcht von jener Kleinheit, die sich gefürchtet hatte, weggenommen.

XXIX
(Die Herrlichkeit Gottes und Moses)

Was sollen wir nun vom Herrn des Engels sagen, der zu Moses
sprach : « Es schaut mich kein Mensch und bleibt am Leben. » [1] Starb
etwa wegen des Zürnens seines Zornes jener, der ihn sah, oder wegen
des Glanzes seiner Wesenheit? Jene ungeschaffene Wesenheit können
geschaffene Augen nicht sehen. Denn wenn wegen des Zornes nicht am
Leben bleibt, wer ihn sieht, er hat doch dem Moses wegen seiner
grossen Liebe es gegeben, ihn zu schauen; also tötet das Wesen, das
durch seinen Anblick die Erblickenden tötet, nicht wegen seines
harten Zornes sondern wegen des mächtigen Glanzes. Deswegen hat
jener, der wegen seiner grossen Liebe es dem Moses gab, seine Herrlichkeit zu schauen, ihm es auch wieder wegen seiner grossen Liebe ver-
wehrt, seine Herrlichkeit zu sehen; nicht weil irgend ein Abbruch der
Herrlichkeit seiner Maiestät getan worden wäre, sondern weil schwache
(menschliche) Augen nicht imstande waren, die mächtigen Fluten
seiner Herrlichkeit zu fassen. Deswegen hat jener Gott, der in seiner
Liebe wollte, dass der Blick des Moses in den Bereich eines milden
Strahles der Herrlichkeit gestellt würde, in seiner Liebe nicht gewollt,
dass der Blick des Moses unter den mächtigen Strahlen seiner Herrlichkeit ertränkt würde. Daher hat Moses gesehen und nicht gesehen. Er
sah, um gefördert zu werden. Und er sah nicht, um nicht Schaden

---

[4] *Dan.*, x, 18 (Peš).
[1] *Ex.*, xxxiii, 20 (Peš).

zu leiden. Denn durch das, was er sah, wuchs seine Kleinheit, und
durch das, was er nicht sah, wurde seine Schwäche vor dem Ertrinken
bewahrt. Ebenso sehen auch unsre Augen die Sonne und sehen sie
nicht. Und durch das, was sie sehen, werden sie gefördert, und durch
das, was sie nicht sehen, bleiben sie von Schaden bewahrt. Es sieht das
Auge, um Nutzen zu haben, es ist aber nicht verwegen, um nicht
Schaden zu erleiden. Aus Liebe aber hinderte Gott Moses, die Herrlichkeit zu sehen, die zu gross war für seine Augen, wie auch Moses in
seiner Liebe seine Volksgenossen daran hinderte, den Glanz zu schauen,
der zu mächtig für ihre Augen war. Denn er hatte von jenem gelernt,
der seine Hand beschattend ausbreitete [2] und vor ihm den Glanz der
Herrlichkeit verbarg, damit er ihm nicht schade, dass auch er den
Schleier [3] ausbreite und den gewaltigen Glanz vor den Schwachen
verberge, um ihnen nicht zu schaden. Als aber Moses sah, dass die
Kinder des Fleisches, die ihm glichen, nicht in die geborgte Herrlichkeit, die auf seinem Antlitz war, schauen konnten [4], da erschrak er
darüber, wie er hatte bitten (können), kühn die Herrlichkeit der Wesenheit zu schauen, jener Wesenheit, in deren Fluten die Himmlischen
und Irdischen untertauchen und auftauchen ohne ihre Tiefe erforscht
zu haben, ohne an ihr Ufer gekommen zu sein, ohne Ende und Grenze
gefunden zu haben.

XXX
(Zurückweisung einer menschlichen Kritik an Gott)

Wenn nun einer sagen sollte : « Es war also für Gott nicht leicht (zu
bewirken), dass Moses die Herrlichkeit schaue ohne zu Schaden zu
kommen, und dass auch Paulus das Licht sehe ohne Schaden zu nehmen ;
wer das sagt, soll wissen : Wie es einerseits für die zwingende
Macht Gottes leicht ist (zu bewirken), dass die (geschöpflichen) Naturen
sich ändern, so ist es anderseits für die einsichtige Natur Gottes schwer
(zuzulassen), dass die Ordnungen gestört werden. So ist es auch für
den Arm des Künstlers leicht, (seine) Schöpfungen zu verderben, aber
für die Einsicht des Künstlers ist es schwer, Schönes zu zerstören.
Und wenn ein Mensch von einem Ding aus der Zahl der, wie es ihm
schien, sich geziemenden Dinge sagen wollte : « Dies zu tun ziemte sich

---

[2] *Ibid.*, 22.   [3] Das Wort von *Ex.*, XXXIV, 33.   [4] Vgl. 2 *Cor.*, III, 7.

für Gott», so wisse er, dass dies sich für ihn ziemte, solches von Gott nicht zu sagen. Das erste nämlich von allen sich geziemenden Dingen ist dies, dass der Mensch Gott nicht darüber belehren wolle, was sich ziemt. Denn es steht dem Menschen nicht an, ein Lehrer für Gott zu sein. Ein gewaltiges Vergehen ist nämlich dies, dass wir Meister sein wollen für den, durch dessen kunstvolle Schöpfung dieser unser geschaffene Mund sprechen konnte. Denn dieses Unrecht ist nicht zu sühnen, dass der Mund in seiner Verwegenheit Gott über seine Pflicht belehren möchte, Gott, der ihn das Sprechen gelehrt hat. Wenn nun einer sagt : « Das hätte Gott tun sollen», dann sage auch ich, weil ich Zunge und Mund habe : « Das hätte Gott tun sollen, die Freiheit dem Menschen zu versagen, mit der er Tadel erheben sollte gegen jenen, der nicht zu tadeln ist. » Ich wage es aber nicht zu sagen : « Er hätte nicht geben sollen», damit nicht auch ich ein Lehrer werde für den, der nicht in die Schule geht. Denn jener Gerechte hätte sich selber getadelt, wenn er dem Menschen die Freiheit nicht gegeben hätte [1]. Denn aus Neid hätte er dem kleinen (Menschen) das erhebende Geschenk vorenthalten. Darum gab er es eilends in seiner Güte, um nicht gerechterweise sich selbst tadeln (zu müssen), wenn auch die Lästerer wegen seines Geschenkes der Freiheit ihn ungerechterweise tadeln sollten.

XXXI

(Warum das himmlische Licht Moses erleuchtete und Paulus blendete)

Warum erstrahlten nun die Augen des Moses von jener Herrlichkeit, die er sah; bei Paulus aber, statt dass (seine Augen) erstrahlten, erstrahlten sie nicht von jenem Licht sondern wurden sogar geblendet? Doch lasst uns wissen, dass die Augen des Moses nicht stärker waren als die Augen des Paulus. Sie waren (beide) ein und derselben Verwandtschaft von Blut und Fleisch. Doch trug die Augen des Moses eine andre Kraft in ihrer Güte; den Augen des Paulus aber wurde nicht aus Liebe eine Kraft hinzugegeben über die Kraft ihrer Natur hinaus. Wurde sie aus Zorn von ihnen weggenommen? Wenn wir sagen würden, dass die ihnen natürliche Kraft weggenommen wurde und dass sie deswegen von dem starken Licht besiegt wurden und unterlagen, dann würde (gelten) : wenn die ihnen natürliche Kraft geblieben wäre,

---

[1] Vgl. *CH*, 33, 3, 8 u. 6, 5.

hätten sie jenem Licht, das nicht von ihrer Natur war, entgegentreten
können. Doch lasst uns das wissen, dass, sooft uns etwas geoffenbart
wird, was grösser und erhabener ist als unsre Natur, die Kraft unsrer
Natur nicht vor ihm bestehen kann, ausser es wird uns eine andre
Kraft hinzugegeben, die ausserhalb der Kraft unserer Natur liegt,
damit durch den Überschuss, den wir über unsre Natur hinaus er-
hielten, wir vor dem Fremden bestehen können, das uns gegen die
Natur zustiess.

XXXII

(Warum Paulus das Sehvermögen, nicht aber das Gehör verlor;
Paulus und Moses)

Siehe wenn auch die Kraft unserer Ohren und Augen naturhaft in
uns ist und naturhaft in uns sich findet, vermag unser Sehen und
Hören vor gewaltigem Donner und Blitz nicht zu bestehen, erstens
weil sie (zu) mächtig kommen und zweitens weil ihre Stärke (zu) plötzlich über unsre Schwäche hereinbricht und sie überfällt, Das nun
stiess Paulus zu : die Macht jenes Lichtes brach plötzlich über die
schwachen Augen herein und fügte ihnen Schaden zu. Die Gewalt der
Stimme aber schwächte ihre Stärke und sie durchdrang seine Ohren
und öffnete sie. Denn sie waren mit der Streitsucht des Judentums
wie mit Wachs verstopft. Nicht fügte die Stimme seinen Ohren einen
Schaden zu wie das Licht seinen Augen. Warum? Doch nur, weil er
hören, nicht aber sehen sollte. Deswegen wurden die Türen des Gehörs
durch die Stimme, ihre Schlüssel, geöffnet, die Türen des Sehens aber
wurden durch das Licht, das sie öffnet, geschlossen. Warum aber war
es notwendig, dass die Ohren hören sollten? Weil (nur) mit der Stimme
unser Herr, da er von Saul verfolgt wurde, sich (ihm) zeigen konnte.
Durch den Gesichtssinn sich ihm zu zeigen, konnte er, von Paulus
verfolgt, nicht. Denn dafür gab es keine Möglichkeit, dass der Sohn
Davids fliehen und Saul ihn verfolgen sollte. Das hatte sich bei jenem
ersten Saul und bei dem ersten David in Wirklichkeit ereignet. Sowohl
der Verfolger wie der Verfolgte sahen einander und wurden beide
gesehen. Hier aber konnte nur das Ohr die Verfolgung des Sohnes
Davids vernehmen, das Auge konnte das nicht sehen. In einer andren
(Person) nämlich wurde er, der im Himmel sich befand, verfolgt, er,
der vorher, als er auf Erden weilte, in seiner eignen Person verfolgt

wurde. Deswegen wurden die Ohren geöffnet und die Augen verschlossen. Und jener, der durch den Gesichtssinn nicht sich selber zum
Verfolgten vor Saul machen konnte, machte sich durch das Wort vor
ihm zum Verfolgten, indem er rief : « Saul, Saul, warum verfolgst du
mich ? » [1] Die Augen wurden ihm also verschlossen, weil sie (Christi)
Verfolgung nicht sehen konnten, die Ohren wurden geöffnet, weil sie
von seiner Verfolgung hören konnten.

Wenn nun auch die Augen des Moses fleischlich waren wie die des
Paulus, so waren doch seine inneren Augen auf Christus (gerichtet) [2].
Denn « Moses hat über mich geschrieben » [3]. Bei Paulus dagegen
waren die äusseren Augen geöffnet, während die inneren geschlossen
waren. Weil nun bei Moses die inneren leuchtend waren, erstrahlten
auch die äusseren. Bei Paulus dagegen wurden die äusseren Augen
verschlossen, damit durch den Verschluss der äusseren die inneren
sich öffnen sollten. Denn jener, der mit den äusseren Augen nicht
imstande war, unsern Herrn in seinen Wunderzeichen zu sehen, sah
ihn mit den inneren Augen, als die körperlichen verschlossen wurden.
Und weil er (so) eine Probe an sich selber genommen hatte, schrieb er
an jene, die erleuchtete körperliche Augen hatten : « Er möge
die Augen euerer Herzen erleuchten! » [4] Denn die sichtbaren
Wunderzeichen hatten den äusseren Augen der Juden nichts genützt,
der Glaube des Herzens aber hat die Augen der Herzen der Heiden-
völker geöffnet.

Wäre nun Moses schlicht, ohne jenen Glanz des Antlitzes vom
Berg herabgestiegen und hätte er gesagt : « Ich habe dort den Glanz
Gottes gesehen », dann hätten ihm die Väter, die Leugner, nicht geglaubt. Ebenso hätten die Söhne, die Kreuziger, dem Paulus nicht
geglaubt, wenn er ohne das Leiden seiner Augen gesagt hätte : « Ich
habe die Stimme Christi gehört. » Deswegen legte er auf Moses wie aus
Liebe das begehrenswerte Zeichen des Glanzes, damit die Betrüger
glauben sollten, dass er den göttlichen Glanz sah ; auf Saul aber legte
er, als auf den Verfolger, das hässliche Zeichen der Blindheit, damit
die Lügner glauben sollten, dass er die Stimme Christi hörte ; damit

---

[1] *Act.*, IX, 4 (XXII, 7 u. XXVI, 14).   [2] Wörtlich : christlich (messianisch).   [3] *Jo.*,
v, 46 (Ephr. hat *Mūšē* mit Peš gegen VS : *hū* u. lässt nach 'alay das *hū* weg mit Peš u.
Sin. gegen Cur.).   [4] *Eph.*, I, 18. Peš : *w-nehrân*, Ephr. : *hū nanhar* vielleicht unter
dem Einfluss von *Eph.*, v. 14 (*w-nanhar lâk Mšîḥâ*).

jene nicht wieder gegen Moses sprechen, und diese nicht an Paulus
zweifeln sollten.

Es setzte nämlich Gott Wunderzeichen an die Körper der Blinden
und schickte sie zu den Irrenden [5], welche Zeichen an den Saum ihrer
Mäntel [6] anbrachten. An die Wunderzeichen der Mäntel [7] erinnerten
sie sich nicht, und über den Wunderzeichen der Körper irrten sie sehr.
Nicht gehorchten die Väter, die den Glanz des Moses sahen, dem
Moses, und die Söhne, die die Blendung des Paulus sahen, glaubten
dem Paulus nicht. Moses und seinen Leuten drohten sie dreimal in der
Wüste, sie zu steinigen. « Die ganze Versammlung rief, sie zu steinigen. » [8] Den Paulus aber schlugen sie im bewohnten Land dreimal mit
Ruten [9] wie einen Hund. « Dreimal wurde ich mit Ruten gegeisselt. » [9]
Das sind die Löwen, die aus Liebe für ihren Herrn wie Hunde geschlagen wurden. Von den Herden der Schafe wurden sie zerrissen, von
jenen Herden, die ihre Hirten, ihre Bewahrer, steinigten, damit reis-
sende Wölfe über sie herrschten.

XXXIII

(Gegen eine Verleumdung der Vision des Apostels durch die Juden)

Die Kreuziger, die die Soldaten [1] bestachen, haben vielleicht von
Paulus behauptet : « Die Jünger haben ihn bestochen ; deswegen hat er
sich den Jüngern angeschlossen. » Denn jene, die durch das Geben [2]
von Geschenken sich bemühten, dass die Auferweckung unseres Herrn
nicht verkündet werde, haben (ihn) mit dem Verdacht der Bestechung
verleumdet, damit die Vision des Paulus keinen Glauben finde. Deswegen verwirrte ihn die Stimme und blendete ihn das Licht, damit
seine Verwirrung seine Wildheit sänftige und seine Blendung seine
Verleumder beschäme [3].

---

[5] Offenbar von den Heilungen Christi.   [6] Geht wohl auf *Matth.* XXII, 5, wo auch
das *marṭūṭā* steht.   [7] Heilung der blutflüssigen Frau (hier nur *marṭūṭā*; das voranste-
hende *kenfā* von *Luc.*, VIII, 44 hat Ephr. in der vorangehenden Anspielung.   [8] *Num.*,
XIV, 10 (Peš).   [9] 2 *Cor.*, XI, 25 (Ephr. hat hier statt des *b-šabṭē* der Peš, das er in der
vorangehenden Umschreibung verwendet, ein *b-zeqṭē*).

    [1] *esṭraṭyōṭê* (stratiōtai); Ephr. scheint also dieses Wort in *Matth.*, XXVIII, 11 gelesen zu
haben für das *qesṭōnārē* der Peš (VS fehlt zur Stelle).   [2] Die Hs hat das nomen agentis
yâhōbâ das aber keinen Sinn gibt.   [3] Hier lässt die Hs, ohne jede inhaltliche Begrün-
dung, einen neuen Abschnitt beginnen. Die Ausgabe verschiebt den Einschnitt auf den
Beginn des dogmatischen Exkurses, der in der Hs nicht abgetrennt wird.

Die Stimme verwirrte sein Ohr dadurch, dass sie demütig sprach. : « Saul, warum verfolgst du mich ? » [4] Das Licht blendete sein Gesicht, damit, wenn die Verleumder sagen sollten : « Er hat Geschenke angenommen; deswegen gab er sich zu einer Lüge her, » sie seine Blendung widerlege. Denn wegen jenes Lichtes (der Augen), das ihm genommen wurde, glaubte man ihm, dass er die Warhheit sage. Diejenigen aber, die glaubten, dass seine Hände Geschenke angenommen hätten und dass deswegen seine Lippen Lügen redeten, sollten wissen : weil seine Augen ihr Licht (weg)gaben [5], deswegen verkündeten die Lippen die Wahrheit.

XXXIV

(Ein dogmatischer Exkurs über die zwei Naturen in Christus)

Ferner war auch deswegen im Gefolge des starken Lichts die demütige Stimme, damit unser Herr aus (der Verbindung) zwischen Niedrigkeit und Erhabenheit eine Hilfe für den Verfolger erstehen lassen (könnte), wie auch alle seine Hilfen aus (der Verbindung) zwischen Kleinheit und Grösse erstanden. Denn fasse die Erniedrigung unseres Herrn vom Mutterschoss bis zum Grab (ins Auge) und sieh, dass in einem fort die Maiestät seine Kleinheit, die Erhöhung seine Erniedrigung begleitete. Wo nämlich seine Menschheit [1] in niedrigen Dingen in Erscheinung trat, offenbarte sich seine Gottheit in rühmlichen (Wunder)zeichen, damit man erkenne, dass der eine, der unter ihnen stand, nicht einer war sondern zwei [2]. Denn er war nicht allein nur die niedrige Natur, auch nicht hinwieder nur die erhabene Natur, sondern zwei Naturen [3], die hohe und die niedrige, miteinander verbunden [4]. Deswegen gaben diese beiden Naturen (jede) ihren Geschmack, damit die Menschen aus dem Geschmack der beiden beide wahrnehmen sollten, damit man nicht von ihm glaube, er sei genau nur einer, jener der durch die Verbindung zwei war. Doch sollte man (auch) erkennen, dass jener zwei war wegen der Verbindung [4], der

[4] *Act.*, ix, 4; hier nur einmal : Saul   [5] Nur bei der Annahme dieser Sonderbedeutung vermag ich der wahrscheinlich verderbten Stelle einen Sinn abzugewinnen.

[1] So nach der vorgeschlagenen Korrektur; die Hs hat : seine Maiestät.   [2] Die Formulierung erinnert an die Wendung, die Ephr. in *HdF* 73 für die Trinität gebraucht : « einer, der drei ist » (3, 1 u, 21, 2).   [3] Zu dieser für Ephr., bei dem « die Natur » (singularisch) überwiegt, auffälligen Aussage vgl. *Reden*, S. 82 ff. u. 92 ff.   [4] Das syr. Wort bedeutet zunächst : vermischen.

(nur) einer war wegen der Wesenheit [5]. Darüber hat unser Herr durch
seine Erniedrigung und Erhöhung auch Paulus auf dem Weg nach
Damaskus belehrt [6].

XXXV

(Die Vision des Paulus und die Verkündigung der Apostel)

Es erschien nämlich unser Herr dem Saul in niedriger Form, indem
Niedrigkeit seine Herrlichkeit begleitete [1], damit man wegen seiner
Herrlichkeit verstehe, was er demütig sprach. Und wie auf Erden
seine Jünger unsern Herrn in Niedrigkeit und Erhabenheit verkündeten, in der Niedrigkeit der Verfolgung und in der Erhabenheit der
(Wunder)zeichen, so hat auch unser Herr sich selber in Niedrigkeit
und Erhabenheit vor Paulus verkündet, in der Erhabenheit der Stärke
des Lichts, das erstrahlte, und in der Niedrigkeit der demütigen Stimme, die sagte : « Saul, warum verfolgst du mich ? » [2], damit die Verkündigung, die seine Jünger vor den Vielen verkündeten jener Verkündigung gleiche, die er über sich selber gab. Wie man dort nicht
erkannt hätte, dass er niedrig [3] (irdisch) war, wenn er nicht niedrig
(demütig) gesprochen hätte, so hätte man dort auch nicht erkannt,
dass er hoch [3] (himmlisch) war, wenn er dort nicht im mächtigen Licht
erschienen wäre.

XXXVI

(Die Notwendigkeit der demütigen Worte : Saul, was verfolgst
du mich)

Und wenn jemand einwendet : « Warum musste er demütig sprechen ?
Er konnte ihn doch auch durch die Erhabenheit jenes Lichts über-

---

[5] Syr. : *itūtâ*, hier sehr auffällig; doch kann auf das *itūtâ* zu Beginn unseres Sermo ver-
wiesen werden (Abschnitt 1. Anm. 1), das klar auf die Person des Vaters ging; also hier
die göttliche Person des Sohnes. Vgl. *Reden*, S. 94.   [6] D.h. über das strittige chris-
tologische Problem, ein ziemlich klarer Hinweis auf den späteren Einschub eines
Ephrämschülers, dem Wendungen seines Meisters vertraut waren.
[1] Wiederholt unorganisch die Einleitung des vorangehenden Abschnittes.   [2] Vgl.
Abschnitt 33, Anm. 4.   [3] *makîkâ* und *râmâ* sind wohl sicher auf die irdische und
himmlische Natur Christi zu beziehen; man hat also hier die von Ephräm zu erwartenden
Aussagen, während der vorangehende Abschnitt das gleiche mit einer Ausdrücklichkeit
sagt, die wohl sicher den christologischen Streit voraussetzt.

zeugen ! », so sollst du wissen, der du das fragst, dass du so widerlegt wirst : Weil es notwendig war, demütig zu sprechen, deswegen hat er auch demütig gesprochen. Denn von seiten dessen, der in allem weise ist, ist dort nichts Unpassendes (getan) worden. Denn jener, der den Künstlern Verstand gab, dass sie jedes einzelne Werk mit dem passenden Werkzeug schaffen, soll der bei sich selber nicht das wissen, was er die andern lehrt? Was immer daher die Gottheit verwendet hat oder verwendet, was sie zu jener Zeit verwendet hat, das unterstützte das Werk in jener Zeit, auch wenn die Blinden umgekehrt über das für die Gottheit Förderliche urteilen. Um aber nicht durch harte Worte einen klugen Fragesteller zu ersticken, einen Fragenden, der durch wahre Überzeugung wie ein Samenkorn durch (Tau)tropfen wachsen will, so sollst du wissen, der du fragst : Weil Saul ein Verfolger war, unser Herr aber darauf sann, ihn aus einem Verfolger zu einem Verfolgten zu machen, deswegen beeilte er sich, klug zu rufen : « Saul, warum verfolgst du mich ? » [1], damit, wenn der Schüler den Lehrer sagen hörte : « warum verfolgst du mich ? », Paulus erkennen sollte, dass der Meister, der ihn belehrte, ein verfolgter Meister sei, auf dass er eilig das Verfolgen der früheren Meister ablege und das Verfolgtsein des verfolgten Meisters auf sich nehme. Ein Meister, der irgendeinen etwas lehren will, tut das entweder mit Taten oder mit Worten. Wenn er weder mit Taten noch mit Worten belehrt, kann einer seine Kunst nicht lernen. So hat auch unser Herr zwar nicht in der Tat den Paulus über seine Niedrigkeit belehrt, wohl aber hat er ihn durch die Stimme über sein Verfolgtsein belehrt, worüber er ihn durch die Tat nicht belehren konnte. Denn bevor unser Herr gekreuzigt wurde, hat er über das Verfolgtsein, (das ist) die Niedrigkeit, die er seinen Jüngern lehrte, durch die Tat sie belehrt. Nachdem er aber durch das Kreuz das Verfolgtsein beendet hatte, wie er ja gesprochen hat : « Alles ist vollbracht » [2], konnte er nicht wieder in törichter Weise von vorne anfangen, was einmal in Weisheit abgeschlossen war. Oder wollt ihr wiederum Kreuzigung und die Schmach des Sohnes Gottes ?

---

[1] Die Form wie in Abschnitt 35 u. 33 (Anm. 4).   [2] *Jo.*, xix, 30 mit dem Zusatz *kul medem* genau wie in azym., 6, 14 (VS fehlt zur Stelle).

XXXVII

(Fortsetzung)

Wenn auch unser Herr zuvor in seiner Güte die Maiestät seiner Gottheit zur Niedrigkeit herabgeführt hatte, so wollte er dennoch nicht zuletzt in seiner Gerechtigkeit die Kleinheit seiner Menschheit, die erhoben worden war, wiederum zur Niedrigkeit herabführen. Aber da es (einerseits) notwendig war, dass der Jünger, der Verfolger, das Verfolgtsein lerne, und da es (anderseits) unmöglich war, dass der Herr wieder herabsteige und von neuem verfolgt werde, lehrte er ihn mit der Stimme, was er ihn mit der Tat nicht lehren konnte : « Saul, warum verfolgst du mich ? » [1], was so zu erklären ist : « Saul, warum wirst du nicht meinetwegen verfolgt ? » Dass aber Saul nicht glaube, dass unser Herr aus Schwachheit verfolgt werde, das bewirkte die Stärke des gewaltigen Lichtes, das über ihm erstrahlte. Denn wenn die Augen Sauls vor dem Strahl jenes Lichtes versagten, wie (konnten) dann die Hände Sauls die Jünger des Herren dieses Lichts binden [2] und fesseln ? Seine Hände fesselten die Jünger, damit er ihre Stärke aus ihren Fesseln kennen lerne; seine Augen konnten die Strahlen nicht ertragen, damit er aus ihrer Stärke seine Schwachheit kennen lerne. Wenn die Stärke des Lichts nicht über ihm geleuchtet hätte und unser Herr zu ihm gesagt hätte : « Saul, Saul, was verfolgst du mich ? » [1], vielleicht hätte dann Paulus entsprechend der Verwegenheit des Stolzes, in dem er sich damals befand, so ihm geantwortet : « Deswegen verfolge ich dich, weil du gesagt hast : warum [3] verfolgst du mich. Denn was ist es, dass ich dich nicht verfolgen sollte, wo du ohne Kraft mit diesen niedrigen Worten deinen Verfolger lockst. » Doch die Niedrigkeit unseres Herrn wurde in der Stimme gehört, die Stärke des Lichte erglänzte im Strahl, und Paulus konnte nicht die Niedrigkeit der Stimme verachten wegen der Herrlichkeit des Lichts.

---

[1] Auch hier nur einmal : Saul. Vgl. Abschnitt 36, Anm. 1.   [2] Das Verb von *Act.*, IX, 2 (XXII, 5).   [3] Während in allen vorangehenden Fällen hier das *mâ* der Peš stand, heisst es in dieser freieren Verwendung : *l-mâ*.

XXXVIII

(Nochmals Stimme und Licht des Herrn in der Vision des Apostels)

Seine Ohren wurden von der Stimme, die sie hörten, belehrt, weil seine Augen vor den Strahlen, die sie sahen, versagten. Denn das Leuchten jenes Lichtes war über die Augen ausgegossen und brachte ihnen Schaden, doch die Stimme des Herrn des Lichtes durchdrang die Ohren, ohne ihnen ein Leid anzutun. Licht und Herr des Lichtes, wem von beiden kommt es zu, stark zu sein? Wenn schon das Licht, das durch ihn erschaffen wurde, so stark war, wie stark muss dann jener sein, durch den dieses Licht erschaffen wurde! Wenn nun der Herr des Lichts die Stärke des Lichts besass, wie konnte dann seine Stimme das Gehör durchdringen, ohne ein Leid zuzufügen, so wie jenes Licht dem Sehen geschadet hatte? Doch vernimm das staunenswerte Wunder, das unser Herr in seiner Güte tat, um zu helfen! Nicht das Licht, das sein Besitz ist, wollte unser Herr schwächen, vielmehr wurde er selber, der Herr des Lichtes, niedrig. Doch so wie der Herr des Lichtes grösser ist als das Licht, so ist auch die Herrlichkeit gewaltig, dass dieser Herr des Lichtes lieber sich selbst erniedrigte, als dass er das Licht geschwächt hätte.

XXXIX

(Der Engel und Christus auf dem Ölberg)

So steht auch geschrieben, dass ihm in der Nacht, da er betete, ein Engel erschien, indem er ihn stärkte [1]. Hier sind nun alle himmlischen und irdischen Zungen zu gering, um jenem (genug) zu danken, durch den die Engel erschaffen wurden, dafür dass er wegen der Sünder durch jenen Engel, der durch ihn geschaffen worden war, gestärkt wurde. Wie also dort der Engel in Herrlichkeit und Glanz, der Herr des Engels aber in Kleinheit und Niedrigkeit dastand, damit der erniedrigte Mensch [2] erhöht würde, ebenso erstrahlte auch hier (bei Paulus) jenes Licht in seinem starken Glanz, der Herr des Lichtes aber sprach in demütigen, niedrigen Worten, um dem einen Verfolger zu helfen.

---

[1] *Luc.*, xxii, 43. Ephr. hat das *kad* (indem) der VS statt des Relativ pronomens der Peš.   [2] Syr. : Adam.

und daher auch im Kleinen, erfand er schnell ein einfaches Wort,
wie für ein Kind, das mit Milch [7] ernährt werden soll, das feste [7]
Nahrung (noch) nicht (essen) kann.

XLIII

(Polemik gegen den Pharisäer Simon und gegen das israelitische
Volk in der Wüste)

Daraus nun, o Pharisäer, dass du zu wissen (glaubtest), dass unser
Herr kein Prophet sei, weiss man von dir, dass du die Propheten nicht
kennst. Denn dadurch, dass du sagtest : « Wenn dieser ein Prophet
wäre, wüsste er » [1], verrietst du hier (die Auffassung), dass, wer ein
Prophet sei, alles wisse. Nun aber sind Dinge den Propheten verborgen
gewesen. Wie (kannst) du die Offenbarung aller Geheimnisse den
Propheten zuschreiben? Der törichte Lehrer, der die Schriften der
Propheten traktierte, kannte nicht einmal die (richtige) Lesung der
Schriften. Jener Pharisäer sah.daher nicht nur nicht die Grösse unseres
Herrn, er sah auch nicht die Schwäche der Propheten. Denn unser
Herr liess als Allwissender jene Sünderin eintreten und seinen Gruss
entgegennehmen, Elisäus aber hat als Nichtwissender zur Sunamitin
gesagt : « Steht es gut mit dir und mit dem Knaben? » [2] Also von
jenem, der zu wissen glaubte, dass unser Herr kein Prophet sei, hat
man erkannt, dass er selbst die Propheten nicht kannte. Wenn in
einem Geist das Böse eingeschlossen ist und er es nicht (mehr) für sich
behalten kann, dann versteht es das in ihm befindliche Böse, einen
Anlass zu suchen, die Tür zu öffnen. Doch wenn nun der Anlass, zu
dem der Lügner seine Zuflucht nahm, aufgedeckt wird, versteht es
(der Lügner) dabei, einen zweiten hinterlistig zu schaffen. Sieh nun
diesen Sohn Israels, dessen Hinterlist der Hinterlist des (Volkes) in
der Wüste gleicht! Heidentum nämlich war eingeschlossen im Geist
des Volkes. Deswegen wurde Moses ihnen entzogen, damit das Böse
in ihnen offenbar würde. Aber damit sie sich nicht schämen müssten
und man (nicht) erkennen sollte, dass sie nach Götzen verlangten,
suchten sie zuerst nach Moses und dann (erst) nach den Götzen. « Was
diesem Moses zustiess, wissen wir nicht » [3]. Wenn aber Gott, der nicht

---

[7] Die Ausdrücke der Peš in *Hebr.* v, 12.

[1] *Luc.*, vii, 39.   [2] 4 *Reg.*, iv, 26 (Peš).   [3] *Ex.*, xxxii, 1 (Peš).

das eine Sünderin ist, die ihn berührt hat.» [2] Wir aber wollen den
Pharisäer verspotten und sagen : « Wenn er ein Verständiger [3] gewesen
wäre, hätte er von der Sünderin, die (den Herrn) berührte, gelernt,
nicht dass unser Herr ein Prophet war, sondern der Herr der Propheten.
Denn die Tränen der Sünderin bezeugten, dass sie nicht einen Propheten versöhnen wollte, sondern jenen, der als Gott über ihre Sünden
erzürnt war. Denn deshalb, weil die Propheten nicht imstande waren,
die Sünder zu retten, ist der Herr der Propheten herabgestiegen, um
die zu heilen, die in einem schlimmen Zustand waren [4]. Welcher Arzt
hindert nun die Bresthaften, zu ihm zu kommen, o blinder Pharisäer,
der du unsern Arzt (mit den Worten) geschmäht hast : « Warum berührte ihn die Bresthafte», jene, durch deren Tränen ihre Wunden
geheilt wurden ! Jener aber, der herabgestiegen war, um zu einer
Quelle der Heilungen unter den Kranken zu werden, verkündete :
« Jeder, der dürstet, komme und trinke !» [5] Als die Pharisäer, die
Genossen dieses (unseres) Pharisäers, über die Heilung der Sünder
murrten, belehrte der Arzt über seine Kunst, dass eine Tür aufgetan
sei für die Kranken, nicht für die Gesunden : « Denn nicht bedürfen
die Gesunden des Arztes sondern diejenigen, die in einem schlimmen
Zustand sind.» [4] Also ist die Ehre des Arztes die Gesundung der
Kranken, damit die Schmach des Pharisäers sich mehre, der unsern
Arzt mit seiner Ehre schmähte. Unser Herr, der die Wunderzeichen
auf den Strassen zeigte, hat auch, als er in das Haus des Pharisäers
eintrat, Wunderzeichen gezeigt, (und zwar) grössere als jene öffent-
lichen. Denn auf den Strassen heilte er kranke Körper, drinnen heilte er
bresthafte Seelen. Draussen erweckte er den toten Lazarus, drinnen
erweckte er die tote Sünderin. Er führte in den Leichnam die lebende
Seele zurück, und er vertrieb aus der Sünderin die mordende Sünde,
die in ihr wohnte. Jener blinde (Pharisäer) nun, der das Grosse nicht
erfasste, erklärte wegen des Grossen, das er nicht sah, das Kleine, das
er sah, für trügerisch. Er war ja ein Kind Israels, das die Schwachheit
seinem Gott aufbürdete, nicht sich selber. « Denn wenn er den Felsen
schlug und Wasser (daraus) floss, kann er dann uns etwa auch Brot
geben ?» [6] Als unser Herr diese Schwäche sah, die fehl ging im Grossen

---

[2] Freie Wiedergabe von *Luc.*, VII, 39.   [3] *pârōšâ*, ein Wortspiel mit *prišâ* (Pharisäer).
[4] Syr. : *biš biš 'bidin*, die Übersetzung des *male habentes* (kakōs echontes) der VS in
Matth., IX, 12 (Peš : *bisâ'it*) u. der Peš in *Marc.*, II, 17 (VS fehlt) u. *Luc.*, V, 31 (VS fehlt).
[5] *Jo.*, VII, 37 ; Ephr. hat *kul* statt *man* (VS) u. *nâš* (Peš) mit APHRAAT und ebenso ohne
lwât(i) wieder mit APHRAAT.   [6] *Ps.*, LXXVIII, 20 (Peš).

XLI

(Zurück zu Jesus und dem Pharisäer Simon; die Macht der Demut)

Jener nun, der demütige Worte bei Paulus, dem Verfolger, gebrauch-
te, der tat das gleiche bei dem Pharisäer. So gross aber ist die Macht der
Demut, dass auch Gott, der alles besiegt, nicht ohne sie siegt. Die
Last des hartnäckigen Volkes konnte (nur) die Demut in der Wüste
tragen. Denn dem hartnäckigsten Volk von allen Menschen wurde
jener Moses gegenübergestellt, welcher der demütigste aller Menschen
war [1]. Gott nämlich, der nichts bedurfte, als er jenes Volk retten
wollte, bedurfte (doch) hernach der Demut des Moses, damit seine
Demut das Schmähen und Murren derer, die (Gott) erzürnten, ertrage.
Denn jenes Volk, gegen das die Zeichen Ägyptens und die Wunder in
der Wüste nichts vermochten, nur Demut konnte seine Widersetzlich-
keit ertragen. Denn als die (göttliche) Maiestät Breschen schlug in das
Volk, da verschloss sie die Demut mit ihrem Gebet. Wenn daher die
Demut des Stammlers [2] die sechshunderttausend [3] ertrug, um wie viel
mehr wird dann das die Demut jenes tun, der das Wort dem Stammler
gab! Denn die Demut des Moses war (nur) ein Schatten der Demut
unseres Herrn.

XLII

(Der Pharisäer Simon und die Wunderzeichen unseres Herrn)

Unser Herr sah also, dass Simon der Pharisäer von den Wunderzeichen nicht überzeugt wurde, die er gesehen hatte. So kam er, um ihn
mit demütigen Lauten zu überzeugen. Und jenen, den mächtige Wunder nicht gebeugt hatten, den unterwarfen demütige Worte. Was
waren die Wunder, die jener Pharisäer gesehen hatte? Er hatte gesehen
wie Tote auflebten, Aussätzige rein wurden, die Augen von Blinden
geöffnet wurden [1]. Diese Wunderzeichen drängten den Pharisäer,
unsern Herrn als einen Propheten zu Tische zu laden. Doch jener, der
ihn als einen Propheten einlud, hat ihn hinwieder verspottet als einen,
der nichts weiss. Denn « wenn dieser ein Prophet wäre, wüsste er, dass

---

[1] *Num.*, XII, 3.   [2] Das Wort von *Ex.*, IV, 11.   [3] Die Zahl von *Ex.*, XII, 37.
[1] Vgl. *Matth.*, XI, 5 (*Luc.*, VII, 22).

XL

(Anwendung auf die Vision des Apostels)

Deswegen ging also der mächtige Glanz jenes starken Lichts, weil es nicht geschwächt wurde, an den Augen vorüber und verletzte sie, die Stimme des Herrn des Lichtes aber drang, weil sie sich erniedrigte, um zu helfen, in die bedürftigen Ohren ein und nützte ihnen. Damit aber die Hilfe jener Stimme, die sich erniedrigte, nicht für lügnerisch erklärt würde, deswegen schwächte sie nicht die Macht jenes Lichtes, damit durch jenes nicht geschwächte Licht die Hilfe der sich demütigenden Stimme Glauben fände. Zu verwundern ist, dass Paulus bis zu dem Zeitpunkt, da unser Herr in der Stimme sich erniedrigte, nicht durch die Tat(en) [1] sich gedemütigt hatte. Doch wie unser Herr, bevor er herabstieg und in den Körper sich kleidete, in Erhabenheit bei seinem Vater war, — die Menschen aber lernten in (der Zeit) seiner Erhabenheit die Demut nicht, doch als er sich erniedrigte und von seiner Höhe herabstieg, da wurde durch seine Erniedrigung die Demut unter den Menschen ausgesät — so war er wiederum, nach seiner Auferstehung und Himmelfahrt, in der Herrlichkeit zur Rechten seines Vaters [2]. Doch durch diese Erhöhung lernte Paulus nicht die Demut. Deswegen liess jener, der erhöht worden war, und zur Rechten seines Vater [2] sass, die herrlichen, erhabenen Worte zurück und rief wie einer, der Gewalt und Unrecht erleidet, mit schwachen, demütigen Worten : « Saul, Saul, warum verfolgst du mich ? » Da übertrafen die demütigen Laute harte Fesseln. Denn mit den demütigen Lauten führte der Verfolgte den Verfolger wie mit Fesseln weg von der breiten Strasse [3] der Verfolger zu dem engen Pfad [3] der Verfolgten. Wie alle Wunderzeichen [1], die im Namen unseres Herrn geschahen, Paulus nicht gewannen, begegnete ihm eilends unser Herr in Demut, jenem, der getragen von der Wut des Stolzes auf dem Weg nach Damaskus eilte. Da wurde der heftigen Wut des Stolzes durch demütige Worte Einhalt geboten.

[1] Man könnte daran denken, parallel zu « in der Stimme » mit « in der Tat » zu übersetzen; doch vgl. im Folgenden : « die Wunder, die im Namen unseres Herrn geschahen und die Paulus nicht gewannen. »   [2] Das *iteb ʿal yamīn* Ephräms findet sich in *Hebr.*, I, 3, das *ʿal yamīn* auch in *Rom.*, VIII, 34 u. *Col.*, III, 1; sonst steht *min yamīn* u. zwar auch VS in der einzigen Stelle, zu der sie vorhanden ist, *Luc.*, XXII, 69.   [3] Die Wörter von *Matth.*, VII, 13 f.

in seiner Weihe das Priestertum; und als Simeon hinwieder über
ihm die Prophezeiung sprach, da eilte das Prophetentum zum Ohr
des Kindes. Denn wenn Johannes im Mutterschoss frohlockte [1] und
die Worte der Mutter unseres Herrn vernahm, um wie viel mehr
hörte dann unser Herr im Tempel (Simeons Worte)! Denn Johannes
konnte nur seinetwegen im Mutterschoss hören

LVI

(Christus al Erbe aller alttestamentlichen Ämter)

Jede der Gaben also, die für den Sohn aufbewahrt waren, hat er
von ihrem echten Stamm gepflückt. Denn er nahm die Taufe aus dem
Jordan, auch wenn Johannes darauf wieder taufte; und er nahm das
Priestertum aus dem Tempel, auch wenn Annas der Hohepriester es
(noch) ausübte; und er nahm das Prophetentum, das von den Gerechten
überliefert worden war, auch wenn Kaiphas (noch) für einen Augen-
blick damit unserem Herrn einen Kranz flocht [2]. Und er nahm das
Königtum vom Hause David, auch wenn Herodes darin zum Stell-
vertreter gemacht worden war.

LVII

(Christus forderte alle göttlichen Gaben von Israel zurück)

Er kam aus der (himmlischen) Höhe herabgeflogen, und' wie ihn
alle jene Gaben sahen, die er den Früheren gegeben hatte, flogen sie
von überall her und liessen sich auf ihren Geber nieder. Sie sammelten
sich von überall her, um zu kommen und in den Baum ihrer Natur
eingepflanzt zu werden. Denn sie waren bitteren Bäumen aufgepfropft
worden, das heisst sündhaften Königen und Priestern. Deswegen
beeilten sie sich, zu ihrer süssen Wurzel zu kommen. Das ist die Gottheit, die ... [3] herabstieg zum Volk Israel, damit ihre Teil(gaben) bei
ihr sich sammelten. Und als sie daraus das Ihre genommen hatte, blieb
das ihr Fremde zurück; denn wegen des Ihren hatte sie auch das ihr
Fremde geduldet. Sie hatte den Götzendienst Israels geduldet wegen

---

[1] Das Wort der Peš u. VS in *Luc.*, I, 41.   [2] Vgl. *Jo.*, XI, 49 f.   [3] Der syr. Text
hätte hier in dem Ausdruck a(y)k *messtâ* den sonst nicht belegten stat. emph. *messtâ*.
Sinn? Ist *messtâh* zu korrigieren, in dem Sinn der im Thes (2184) zitierten Stelle mit
einem entsprechenden *messat alâhâ*?

ihres Priestertums und seine Wahrsagerei wegen ihres Prophetentums und seine ungerechte Herrschaft wegen ihrer heiligen Krone.

LVIII

(Christus nahm seine Gaben vom unfruchtbaren Feigenbaum)

Als unser Herr sein Priestertum von ihnen genommen hatte, weihte er damit alle Völker; und als er auch sein Prophetentum genommen hatte, offenbarte er damit allen Stämmen seine Verheissungen; und als er sich seine Krone aufgesetzt hatte, fesselte er den Starken [4], der alle gefangen nahm, und verteilte er seine Beute [4]. Diese Gaben waren unnütz geblieben am Feigenbaum, der, selber ohne Früchte, solche Siege vereitelte. Deswegen wurde der unfruchtbare Feigenbaum ausgehauen, damit diese Gaben weggehen und bei allen Völkern Früchte bringen sollten.

LIX

(Schlusswort)

An allen diesen Wohnungen ging jener vorüber, der kam, um unsere Körper zu seiner Wohnung zu machen. So sei jeder von uns seine Herberge! « Wer mich liebt, zu dem kommen wir und werden bei ihm Wohnung nehmen,» [5] sagt die Gottheit. Ohne dass ihr irgendein Geschöpf verloren gehen würde, fasst sie ein kleiner, schwacher (Menschen)geist.

Schluss des Memrâ auf unseren Herrn.

---

[4] *Luc.* XI, 22 u. zwar mit *taḥluṣeh* der VS, gegen Peš: *bezzteh.*   [5] *Jo.*, XIV, 23.
Ephr. mit VS: *neʿbed*, gegen Peš: *ʿâbdin-nan.*

VERZEICHNIS DER BIBELSTELLEN

Zitiert wird nach Kapitel und Anmerkung. Direkte Zitate und Stellen, zu deren Text
(sich Bemerkungen finden, werden mit einem Asterikus versehen.)

Genesis

III, 20* : 3,5

Exodus

IV, 11* :41,2
XII, 37 : 41, 3
XXXII, 1* : 17, 4; 18,1;
    43, 3
    20* : 6, 5
    26 f. : 6,4
XXXIII, 20* : 29, 1
    22* : 29, 2
XXXIV, 33* : 29, 3

Numeri

V, 18* : 6, 3
   19* :6, 3
XII, 3 : 41, 1
XIV, 10* : 32, 8

Deut.

VIII, 5 (XXIX, 5)* : 43, 4

4 Reg.

IV, 26* : 43, 2

Psalmi

LXXVIII, 20* : 42, 6
LXXXV, 12 f. : 49, 8
CXV, 5 f.* : 8, 2

Prov.

XV, 1* : 22, 4

Isaias

VI, 9* : 44, 1
LIII, 8* : 2, 2

Daniel

X, 6* : 28, 3
  8* : 27, 2; 28, 1
  10* : 28, 2
  18* : 28, 4

Matth.

VI, 3* : 22, 2
VII, 13 f.* : 40,3
IX, 2* : 21, 3
  3 (u. Par.) : 21, 6
  4* : 21, 7
  6 (u. Par.)* : 21, 4 f.
  12 (u. Par.)* : 42, 4
  20 (u. Par.)* : 13, 2;
  49, 6
XI, 5 (Luc., VII, 22) : 42, 1
XV, 14 (XXIII, 16)* : 46, 3
  23* : 7, 5
  27 : 7, 6
XVI, 19* : 54, 2
XXI, 2* : 3, 4
  40 f.* : 47, 1-4
XXII, 5 : 32, 6
XXVI, 7 (Marc., XIV, 3)* :
  49, 1 u. 7
  12 (Marc., XIV, 8) :
  49, 4
  13 (Marc., XIV, 9)*
  49, 9
XXVII, 50 (u. Par.)* : 3,2

XXVIII, 11* : 33, 1
    13 : 13, 1

Marc.

IV, 39* : 52, 1
VII, 32 f.* : 10, 1; 11, 2
  35* : 10, 2
XIV, 9* : 49, 9

Luc.

I, 35* : 2,1
  41* : 55, 1
II, 12* : 53, 5
  28* : 50, 2
  29* : 50, 4
  30* : 50, 5
  34* : 53, 6
IV, 29 : 21, 8
  30* : 21, 9
V, 21 (Marc., II, 7)* : 21, 2
VII, 38 : 13, 3
  39* : 14, 1; 16, 2;
    21, 1; 23, 1; 42,
    2; 43, 1
  40* : 23, 2; 24, 1 f.
  41* : 17, 1; 45, 1-3
  42* : 45, 4-8
  43* : 45, 9-12
  44* : 19, 2; 20, 1
  45* : 13, 4,; 20 5
  46* : 20, 3 f.
  47* : 19, 3
VIII, 2 : 49, 5
  44 : 32, 7
X, 40* : 49, 3
XI, 22* : 58, 4

xv, 10* : 7, 1
xxii, 43 : 39, 1

Jo.

i, 1* : 1,1
  11* : 7, 4
iii, 34 : 54, 1
v, 46* : 32, 3
vii, 37* : 42, 5
ix, 1* : 11, 4
  6 : 11, 3
  24* : 46, 1
  30* : 46, 2
xii, 3 : 49, 1
xiv, 23* : 59, 5
xix, 17* : 3, 1
  30* : 36, 2

Act.

ii, 4* : 12, 2
ix, 4 (xxii, 7; xxvi, 14)*:
  25, 2; 32, 1; 33, 4; 37, 3
  15* : 25, 3
xxii, 11* : 26, 3
xxvi, 13* : 27, 1

Rom.

ii, 29 : 7, 3

1. Cor.

v, 6 f.: 11, 5
xv, 27 f.* : 8,3 f.

2. Cor.

iii, 7 : 29, 4
x, 5* : 25, 1
xi, 25* : 32, 9

Eph.

i, 18* : 32, 4
ii, 14 f.* : 7, 2

Col.

ii, 9* : 53, 2
  14* : 16, 1

Hebr.

v, 12* : 42, 7
x, 31* : 22, 3

Imprimerie Orientaliste, s.p.r.l., Louvain (Belgique).

hat trefflich Simeon unseren Herrn nach dem Erbarmen genannt,
mit dem er sich seiner erbarmte, indem er ihn von der Erde, voll
von Schlingen, entliess, damit er weggehe nach Eden, voll von Freuden
Wer so sprach, bezeugte, dass er selber wie eine Opfergabe dargebracht
wurde, damit er aus der verderbenden Welt weggehe und dem bewah-
renden Schatz(haus) übergeben werde. Denn bei einem, für den die
Möglichkeit besteht, dass sein Gefundensein verloren gehe, bemüht
man sich darum, dass er bewahrt bleibe. Für unsern Herrn gab es
keine Möglichkeit, verloren zu gehen, vielmehr wurden durch ihn die
Verlorenen gefunden. Durch unsern Herrn also, der nicht verloren
gehen konnte, wurde jener Knecht dargebracht, der sehr darauf
bedacht war, nicht verloren zu gehen. « Siehe es sahen meine Augen
dein Erbarmen. » [5] Man weiss, dass Simeon es war, der Erbarmen von
jenem Kind empfing, das er trug; denn er nahm auf unsichtbare
Weise den Frieden von jenem kleinen Kind, das er auf sichtbare
Weise auf seine Arme nahm [6]. Denn wer gepriesen wird, auch wenn
ein Kleiner und Niedriger ihn trägt, durch den wird der erhoben, der
ihn trug.

LI

(Simeon und das gottmenschliche Kind)

Weil nun Simeon imstande war, jene (göttliche) Maiestät, vor der
die Geschöpfe versagen, auf seinen schwachen Armen zu tragen,
erkannte er, dass seine eigne Schwachheit von der Kraft gestärkt
wurde, die er trug. Denn zur (gleichen) Zeit hing auch Simeon mit
allen Geschöpfen insgeheim von der Macht des Sohnes ab, die alles
trägt. Und das ist das Wunder, dass äusserlich der Schwache den trug,
der ihm (dazu) die Kraft gab, insgeheim aber die (göttliche) Kraft
ihren Träger trug. Die (göttliche) Maiestät hatte sich nämlich selber
klein gemacht, damit ihre Träger sie fassen könnten, damit entsprechend der Tiefe ihrer Selbsterniedrigung herab bis zu unserer Kleinheit unsere Liebe emporgehoben werde aus (der Tiefe) aller Begierden
bis zu der (göttlichen) Maiestät.

LII
(Jesus im Schiff; Simon auf dem Wasser)

Auch das Schiff, das unseren Herrn trug : er war es, der es trug,
indem er den Wind, der es zu versenken drohte, von ihm abhielt
(mit den Worten) : « Schweig, sei stumm ! » [1] Als er auf dem Meer war,
konnte sein Arm auch die Quelle des Windes verschliessen. Das Schiff
trug seine Menschheit, die Kraft seiner Gottheit trug das Schiff mit
allem, was darin war. Um aber zu zeigen, dass auch seine Menschheit
des Schiffes nicht bedurfte, hat er statt der Bretter, die der Zimmer-
mann fest zusammenfügte, als Baumeister der Geschöpfe die Wasser
fest zusammengefügt und sie seinen Füssen unterworfen. (So) hatte
unser Herr die Hände des Priesters Simeon gestärkt, im Tempel die
Kraft zu tragen, die das All trägt, wie er den Füssen des Apostels
Simon die Kraft gab, sich selber über den Wassern zu tragen. Jenen
Namen [2] also, der den Erstgebornen im Tempel in die Höhe hob, den
trug umgekehrt der Erstgeborne auf dem Meer, um zu zeigen : wenn
auf dem Meer, das (alles) versenkt, er ihn hob, dann war es nicht
notwendig, dass er auf dem Land von ihm emporgehoben werde. Es
hob ihn der Herr auf dem Meer auf sichtbare Weise, um zu belehren,
dass er auch auf dem Land ihn auf unsichtbare Weise trug.

LIII
(Simeon gibt Priestertum und Prophetentum an das Jesuskind zurück)

Der Sohn kam zum Knecht, nicht damit er durch den Knecht dargebracht würde, sondern damit durch den Sohn der Knecht seinem Herrn
das Priestertum und das Prophetentum darbringe, die bei ihm hinter-
legt worden waren. Denn das Prophetentum und Priestertum, die

---

[1] *Marc.*, IV, 39. Hs A hat für Ephr. *skīr* (*att*), Hs B dagegen die Form der Peš : *zgīr*
(VS fehlt zur Stelle). Für *skīr* spricht, dass im anschliessenden Satz A und B die Form
neskor haben.   [2] Simeon gleich Simon.

durch Moses gegeben worden waren [1], hatten sich fortgeerbt und waren beide zuletzt bei Simeon geblieben. Denn er war ein reines Gefäss, das sich selbst heiligte, um wie Moses beide fassen zu können. Das sind die kleinen Gefässe, die die grossen Gaben fassen konnten, jene Gaben, die nur wegen der Gnade der Gaben einer fassen konnte, während die Vielen es nicht vermochten wegen ihrer Grösse. Es opferte also Simeon unsercn Herrn auf und zugleich in ihm jene beiden (Gaben), damit das, was dem Moses in der Wüste gegeben worden war, im Tempel von Simeon genommen werde. Unser Herr ist das Gefäss, in dem die ganze Fülle wohnte [2]. Deshalb goss Simeon, als er ihn vor Gott darbrachte, in ihn hinein die beiden (Gaben), das Priestertum aus seinen Händen und das Prophetentum aus seinen Lippen. Das Priestertum war ständig auf seinen Händen wegen der (priesterlichen) Reinigungen, das Prophetentum aber wohnte in der Tat auf seinen Lippen wegen der Offenbarung [3]. Als nun beide (Gaben) den Herrn der beiden (Gaben) sahen, vermischten sie sich beide, und sie ergossen sich in das Gefäss, das beide fassen kann, damit es Priestertum, Königtum [4] und Prophetentum (in sich) nehme. Jenes Kind also, das wegen seiner Güte in Windeln gewickelt war [5], hüllte sich in das Priestertum und Prophetentum wegen seiner (göttlichen) Maiestät. Denn Simeon hüllte (das Kind) in diese (Gaben) und gab es (so) jener, die es in Windeln gewickelt hatte. Denn als er es seiner Mutter gab, gab er zugleich mit ihm das Priestertum. Und als er ihr über das Kind prophezeite : « Dieser ist gesetzt zum Fall und zur Auferstehung » [6], da gab er mit dem Kind auch die Prophezeiung.

LIV

(Übertragung des Priestertums von Simeon auf Simon)

Dann trug Maria ihren Erstgebornen fort, äusserlich in Windeln gewickelt, unsichtbar gehüllt in das Priestertum und Prophetentum. Was also Moses gegeben worden war, wurde von Simeon genommen ; es

---

[1] Vgl. zur Übergabe u. Weitergabe des Priestertums durch Handauflegung von Gott über Moses auf Aaron *CH* 22, 19. [2] *Col.*, II, 9. Peš : *beh 'âmar kulleh mullâyâ* ; Ephr. : *šrât beh kullâh malyūtâ*. [3] Die Hss haben parallel zu dem Plural « Reinigungen » auch hier die Pluralpunkte ; doch ist offenbar nur die eine, gegen Ende dieses Abschnittes zitierte Weissagung gemeint. [4] Ist wohl gegen die beiden Hss zu streichen. [5] Der Ausdruck von *Luc.*, II, 12 (Peš u. VS). [6] *Luc.*, II, 34 (Peš u. VS).

blieb als Besitz beim Herrn der beiden (Gaben). Der erste Verwalter
also und der letzte Schatzmeister übergab(en) die Schlüssel des Priestertums und des Prophetentums jenem, der die Macht hat über den
Schatz der beiden (Gaben). Deswegen hat nicht nach Mass sein Vater
ihm den Geist gegeben [1]; denn alle Masse des Geistes sind in seiner
Hand. Und damit unser Herr zeige, dass er von den ersten Verwaltern
die Schlüssel empfing, sprach er zu Simon : « Dir will ich die Schlüssel
der Pforten geben. » [2] Wie hätte er sie dem einen gegeben, wenn er sie
nicht von dem andern empfangen hätte! Also, die Schlüssel, die er
von dem Priester Sim(e)on empfangen hatte, die gab er dem andern
Simon, dem Apostel, damit, wenn auch das Volk nicht auf den ersten
Simon gehört hatte, die Völker auf den letzten Simon hören sollten.

LV

(Christus, Johannes und die Taufe; noch einmal Simeon und das
Jesuskind)

Doch unser Herr kam auch zu Johannes als Herr der Verwaltung,
weil Johannes Schatzmeister der Taufe war, um von ihm die Schlüssel
des Hauses der Entsühnung zu nehmen. Johannes nämlich wusch weiss
mit einfachem Wasser die Makel der Vergehen, damit die Körper fähig
würden, das Kleid des Geistes, das durch unsern Herrn gegeben wurde,
(zu empfangen). Weil also der Geist bei dem Sohne war, kam er zu
Johannes, um von ihm die Taufe zu nehmen, damit er mit dem ein-
fachen Wasser den unsichtbaren Geist verbinde, damit diejenigen,
deren Körper die Feuchtigkeit des Wassers verspürten, (in) ihrem
Geist die Gabe des Geistes wahrnehmen sollten. Wie das Äussere der
Körper das Ausgiessen des Wassers über sich spürt, ebenso sollte das
Innere des Geistes das Ausgiessen des Geistes über sich spüren. Wie
also unser Herr nach seiner Taufe gehüllt in die Taufe die Taufe mit
sich forttrug, so ging er nach seiner Aufopferung im Tempel weg,
gekleidet in Prophetentum und Priestertum, die Reinigung des
Priestertums auf seinen reinen Gliedern tragend und die Worte der
Prophezeiung in seinen makellosen Ohren. Denn als Simeon den
Körper des Kindes weihte, der alles weiht, da nahm jener Körper

---

[1] *Jo.*, III, 34. Ephr. hat mit VS *kyâltâ* gegen Peš : *kaylâ*.   [2] *Matth.*, XVI, 19 . Ephr
hat mit VS *tar'ē* vor (*d-*)*malkūtâ* gegen Peš.

stirbt, dich aus Ägypten herausgeführt hat, was fragst du dann nach
einem Menschen? Denn siehe, wenn er sterben muss, (was dann?);
oder hat etwa Moses dir feierlich versichert : ich bin Gott, dass du
nun, weil dein Gott zugrunde ging, einen andren (dir) suchst? Doch
auch von Moses wollten sie nicht, dass er ihr Gott sei. Denn Moses
hörte, sah und überführte. Sie aber suchten einen Gott, der nicht
hören, nicht sehen, nicht überführen sollte. Gesetzt also, dass Moses
irgendwo starb, was soll sich daraus ergeben, da doch dein Gott lebt!
Und er ist dir doch erschienen in lebendigen Zeugnissen! Die leuch-
tende Wolke überschattet sie zu jener Zeit, die Feuersäule leuchtete
ihnen bei Nacht, Wasser tranken sie aus dem Felsen, der Ströme her-
vorfliessen liess, am Geschmack des Manna, von dem wir die Kunde
hörten, labten sie sich jeden Tag. Wie wäre dir Moses fern, da dich doch
seine Wunderzeichen umgeben! Oder wozu nützt dir die Person des
Moses, wo du einen Versorger wie diesen hast, wenn deine Kleider
sich nicht abtragen [4], ausgeglichene Luft dich erquickt, Hitze und
Kälte dich nicht quälen, von Kämpfen du befreit bist und weit entfernt von der Furcht vor den Ägyptern! Was hat Israel gefehlt, dass
es nach Moses suchte? Es fehlte ihm das offenkundige Heidentum.
Denn nicht nach Moses verlangte es, Moses war nur ein Vorwand;
nach dem Kalb suchte es. Leicht (konnten) wir also zeigen, dass dem
Geist, der von irgend etwas erfüllt ist, die sich einstellende Gelegenheit
begegnet, und er sie mit Gewalt zwingt, ihm die Tür zu öffnen, wozu
er will.

XLIV

(Wie konnte Simon den Herrn verkennen!)

Auch du, Pharisäer, nach Schmähung dürstend, was sahst du an
unserem Herrn (um zu glauben), dass er kein Prophet sei? Zeigten
sich doch an ihm Züge des Herrn der Propheten! Denn die strömenden
Tränen verkündeten eilends, dass sie wie vor Gott vergossen wurden.
Die klagenden Küsse bezeugten, dass sie den Schuldherrn zum Zer-
reissen des Schuldscheins gewinnen wollten. Das gute Salböl der Sünderin verkündete, dass es das (bestechende) Geschenk der Busse
war. Diese Arzneien brachte die Sünderin ihrem Arzt, auf dass er mit

---

[4] Das Wort von *Deut.*, VIII, 5 (XXIX, 5).

ihren Tränen ihre Makel weisswäsche, mit ihren Küssen ihre Wunden
heile und mit ihrem duftenden Öl ihren schlechten Namen angenehm
mache wie der Duft ihres Öles. Das ist der Arzt, der mit den Arzneien
heilt, die man ihm bringt. Diese Wunder sah man damals. Doch der Pharisäer sah statt dessen (nur) Schmähung. Denn was musste man (sonst)
von dem Weinen der Sünderin denken, ausser dass er es ist, der die
Sünder rechtfertigt. Und wenn nicht, dann urteile in deinem Sinn,
o törichter Lehrer : Warum weint diese Frau traurig beim fröhlichen
Mahl, betrübt in ihren Tränen, während die (Gäste) an den Speisen
sich gütlich taten ? Da sie eine Sünderin war, hätte sie Werke der
Ausschweifung tun sollen. Wenn sie aber zu dieser Zeit von der Ausschweifung der Sünderinnen zurückfand zur Reinheit, dann erkenne,
dass eben der, von dem du sagst, er sei kein Prophet, jener ist, der aus
Ausschweifenden Ehrenvolle macht. Ausgehend davon, dass du sie
als Sünderin kennst und dass du sie jetzt als Büsserin siehst, frage
danach, welche Macht wohl diese Sünderin umgewandelt hat ! (Der
Pharisäer) hätte dem zu Füssen fallen sollen, der ohne ein Wort zu
sagen durch sein Schweigen die Sünder rein macht, was die Propheten
mit ihren gewaltigen Worten nicht vermochten.

Etwas Staunenswertes und Wunderbares sah man im Haus des
Pharisäers : die Sünderin, sitzend und weinend, ohne dass die Weinende
gesagt hätte, warum sie weine, und ohne dass jener, zu dessen Füssen
sie sass, gesagt hätte : warum weinst du ! Es war nicht notwendig,
dass die Sünderin mit ihren Lippen unsern Herrn bat ; denn sie glaubte,
dass er als Gott die in ihren Tränen verborgenen Bitten kannte. Und
auch unser Herr fragte sie nicht : Was tust du, weil er wusste, dass sie
mit ihren reinen Küssen ihre unreinen Sünden büsste. Sie brachte also,
weil sie glaubte, dass er der Kenner des Verborgenen ist, ihre Gebete
ihm in ihrem Herzen dar. Denn der Kenner des Verborgenen ist nicht
auf die äusserlichen Lippen angewiesen. Wenn also die Sünderin,
weil sie wusste, dass unser Herr Gott ist, ihn nicht mit (den Worten)
ihrer Lippen gewann, und unser Herr, weil er als Gott ihre Gedanken
sah, deswegen sie nicht fragte, erkennst du da nicht, verhärteter
Pharisäer, aus dem Schweigen beider die Art beider, dass sie in ihrem
Herzen wie von einem Gott (Verzeihung) erflehte, und er als Gott
ihren Sinn schweigend erforschte. Der Pharisäer aber konnte das
nicht sehn und verstehen, weil er ein Israelit war, der sah und nicht

sah, hörte und nicht verstand [1]. Wie also unser Herr erkannte, dass
jener Pharisäer Schlimmes von ihm dachte, da begegnete er ihm mild
und nicht hart. Süssigkeit war nämlich von der (himmlischen) Höhe
herabgestiegen, um die Bitterkeit unsres bösen Triebs [2] zu mildern. Es
belehrte also unser Herr jenen Pharisäer an und durch ihn selbst :
wie ich dich mit Milde gewann, obwohl ich das Böse in deinem Herzen
kannte, so habe ich diese barmherzig aufgenommen, obwohl ich ihre
Sünden kannte.

XLV

(Das Gleichnis von den zwei Schuldnern; die Übereilung des Pharisäers)

Hören wir nun, wie die (göttliche) Langmut dem übereilten Sinn
nachfolgte, um ihn von der Übereilung zur Einsicht zu bringen!
« Ein Gläubiger [1] hatte zwei Schuldner. Der eine war ihm [2] fünfhundert
Denare schuldig, der andre [3] fünfzig.» Lass die Länge der Erzählung
des Gleichnisses dich nicht verdriessen, damit du nicht in Gegensatz
gerätst zu dem, der langmütig war in der (Erzählung) des Gleichnisses, um zu helfen!« Da [4] jeder [5] von ihnen (die Schuld) nicht zahlen [6]
konnte, erliess er (sie) beiden. Von welchem denkst du nun [7], dass er
ihn mehr [8] lieben werde? Es sprach zu ihm [9] Simon : Ich glaube, der,
dem das meiste [10] nachgelassen wurde. Es sprach zu ihm unser Herr [11] :
Du hast recht [12] geurteilt.» Unser Herr lobte den Schlechten wegen

---

[1] Vgl. *Is.* vi, 9.   [2] Syr. *yaṣrâ*, das *yēṣêr* von *Gen.* vi, 5; vgl. Ephräms Erklärung
dazu in *GETon.*, 57, 24. Vgl. ferner *CNis*, 21, 15 u. 40, 4; *Eccl.* 28, 13, 5 u. 45, 22, 2.

[1] *Luc.*, vii, 41. Ephr. hat mit cod. sin. : *l-gabrâ mawzfânâ*, gegen Peš u. cod. cur.: *l-ḥad
mârē ḥawbâ.*   [2] Ephr. hat mit Peš dieses *leh* nicht, gegen VS.   [3] Ephr. mit Peš :
wa-ḥrēnâ, gegen VS : *w-ḥad*. Ephr. fügt ferner ein *dēn*, hinzu.   [4] *Luc.*, vii, 42. Der
Text der zur Stelle allein vorhandenen Hs (B) hat vor dem *lam* des Zitates noch ein *sâkâ*
(schliesslich ?), das auch nach der Interpunktion zum Zitat gehören würde aber nicht
dazu passt u. in Peš u. VS fehlt. Davon abgesehen beginnt das Zitat bei Ephr. mit :
kad layt, was wieder nur cod. sin. hat (mit *we* : *w-kad layt*); cur. : *w-kad lâ it* u. Peš :
wa-d-layt; das überall anschliessende *hwâ* fehlt in der Ephr. hs.   [5] Die Hs hätte nur
ein *ḥad*, was aber wohl sicher zu verdoppeln ist, also: *l-ḥad ḥad menhōn* im Gegensatz
zu VS u. Peš : *l-hōn.*   [6] Ephr. : *d-nefrʿiw* im Gegensatz zu VS u. Peš : *l-mefraʿ.*
[7] Wohl nur freie Erweiterung des einfaehen : *aynâ menhōn* (VS) bzw. *aynâ hâkel mēnhon*
(Peš).   [8] Ephr. u. Peš : *yatir*; VS : *yatirâ'it*; ferner Ephr. u. Peš vor, VS nach dem Verb.
Vgl. Burkitt, *Ev.* II, 131 f.   [9] Anfang von *Luc.*, vii, 43; Ephr. wie VS; dagegen
Peš : *ʿnâ.*   [10] Ephr. u. Peš : *saggī* nachgestellt; VS *yatir* vorangestellt.   [11] Offenbar
freier Ersatz für « Jesus » in VS u. Peš.   [12] Ephr. u. Peš : *triṣâʿit*; VS : *šappir.*

das gute Urteile, das er fällte, Jener (Schlechte) aber hatte in seiner Schlechtigkeit den Gütigen geludull wegen des Mitleids, das er erwiesen hatte.

Vieles aber ist verborgen in diesem Gleichnis; denn es ist ein Schatzhaus voll von zahllosen Hilfen. Was hatte unser Herr es nötig, dass der Pharisäer zwischen den beiden Schuldnern eine Entscheidung treffe ? Nur um zu zeigen, wie die (göttliche) Maiestät selbst der (menschlichen) Schwachheit nachging, etwas, worin die (menschliche) Schwachheit der Maiestät nicht folgte. Obwohl Kenner des Verborgenen, war unser Herr geduldig und fragte den Simon, damit die beschämt würden, die unwissend rasch tadeln und nicht fragen. Denn « wenn ich nicht rechtfertigte, ohne zuvor dein Urteil gehört zu haben, wie (konntest) dann du, ohne von mir die Lage der Sünderin zu hören, rasch tadeln ! » Das geschah zu unserer Unterweisung, damit wir rasch bereit seien zu untersuchen und langsam, ein Urteil zu fällen. Denn wenn jener Pharisäer Geduld gehabt hätte, dann hätte jene Verzeihung, die am Schluss unser Herr der Sünderin gewährte, ihn über alles aufgeklärt. Geduld pflegt nämlich denen, die sie besitzen, alles zu geben.

XLVI

(Die Pharisäer, Lehrer des Volkes, von der Sünderin und von dem Blinden beschämt)

Ferner liess unser Herr durch (die Erzählung von) der Erlassung der Schuld der zwei Schuldner die (Sünden)vergebung verkosten jenen, der ihrer bedurfte und in dessen Augen die Erlassung der Schuld hassenswert war. Denn obwohl jener Pharisäer der Vergebung bedurfte, war die Vergebung der Schuld jener Sünderin in seinen Augen hassenswert. Denn wenn im Geist des Pharisäers (der Gedanke) an die Sündenvergebung gewesen wäre, dann wäre in seinen Augen jene Sünderin nicht verabscheuungswürdig gewesen, die um Sündenvergebung zu Gott kam und nicht zu den Priestern. Denn die Priester konnten solche Sünden nicht vergeben. Die Sünderin aber war auf Grund der Wundertaten unseres Herrn zum Glauben gelangt, dass er auch Sünden vergeben kann. Sie erkannte nämlich, dass, wer die Glieder des Körpers heilen kann, auch die Makel des Gewissens weisswaschen kann. Der Pharisäer, obwohl Lehrer, wusste das nicht. Denn die törichten Lehrer Israels wurden gewöhnlich durch Verachtete und Verschmähte be-

schämt. So wurden sie durch jenen Blinden beschämt, zu dem sie
sagten : « Wir wissen, dass dieser Mann ein Sünder ist. » [1] Er sagte zu
ihnen : « Wie hat er (dann) meine Augen geöffnet ? Gott hört nicht auf
die Stimme von Sündern. » [2] Das waren die blinden Lehrer. die für
andre (blinde) Führer [3] waren ; und ihr krummer Weg wurde von dem
Blinden gerade gemacht.

XLVII

(Der Herr widerlegt Pharisäer und Schriftgelehrten durch sie selber)

Vernehmt nun das Staunenswerte, das unser Herr tat ! Weil jener
Pharisäer von unserem Herrn glaubte, er wisse nicht, dass jene, die
ihn berührte, eine Sünderin sei, machte unser Herr die Lippen jenes
Pharisäers wie zu Saiten einer Leier, und diese verkündete mit den
Lippen jenes Pharisäers, ohne dass er es merkte, die Sünden jener
(Sünderin). Und es fand sich, dass jener, der wie ein Wissender tadelte,
zu einer Leier wurde, auf der ein andrer spielen konnte, was er wusste.
Denn unser Herr verglich die Schuld der Sünderin mit den fünfhundert Denaren und liess dies in das Gehör des Pharisäers eindringen
durch das Gleichnis, das er hörte. Und er entlockte hinwieder seinem
Mund die Entscheidung, die er gab, ohne dass Simon bei seiner Entscheidung wusste, dass diese fünfhundert Denare eine Bezeichnung
für die Schuld jener Sünderin waren. Und es fand sich, dass jener, der
von unserem Herrn glaubte, er kenne die Sünden jener Sünderin
nicht, dass eben dieser Pharisäer sie nicht kannte, als er ihre Schuld im
Gleichnis hörte und mit (lauter) Stimme sein Urteil abgab. Wie aber
zuletzt (das Gleichnis) von unserem Herrn erklärt wurde, da erkannte
jener Pharisäer, dass seine Ohren und auch seine Lippen für unseren
Herrn wie zu Saiten einer Leier geworden waren, um darauf das Lob
seines Wissens zu spielen. Denn dieser Pharisäer war ein Genosse jener
Schriftgelehrten, deren Entscheidung in ihrem eignen Mund unser
Herr gegen sie selber wandte. Denn « was wird der Herr des Wein-
berges [1] jenen Winzern [2] antun ? » Sie sagten gegen sich selber : « Gar
schlimm wird er sie vernichten und er wird den Weinberg den Winzern

---

[1] *Jo.*, ix, 24. Ephr. hat mit VS die alte Form (a)naḥnan.   [2] Vgl. *Jo.*, ix, 30 f.
[3] Das Wort der Peš u. VS in *Matth.* xv, 14 u. xxiii, 16.

[1] *Matth.*, xxi, 40 f. Ephr. : *mârē karmâ*; Pš u. VS : *mâreh d-karmâ.*   [2] Ephr. :
l-hânōn pallâḥē; Peš : *l-pallâḥē hânōn*; VS *l-pallâḥē hâllōk.*

geben ¹, die die Frucht au ihrer Zeit gehen werden ⁴ » Das ist die Gottheit, der alles leicht ist : durch die Zungen, die sie schmahten, erliess sie das Urteil gegen diese Zungen selber.

XLVIII

(Die Menschwerdung des Erlösers und die Sünder)

Lob sei jenem Unsichtbaren, der in Sichtbarkeit sich kleidete ¹, damit die Sünder zu ihm kommen könnten. Nicht hielt unser Herr die Sünderin von sich fern, wie der Pharisäer gemeint hatte; denn nur deswegen stieg er von jener Höhe herab, die kein Mensch erreichte, damit kleine Zöllner wie Zachäus zu ihm kämen; und nur deswegen kleidete sich jene Natur, die nicht ertastet wird, in einen Körper, damit alle Lippen wie (die) der Sünderin seine Füsse küssten. Denn die heilige Kohle ² verbarg sich in der Hülle des Fleisches. Sie berührte alle unreinen Lippen und heiligte sie. Seine Füsse hatte also für die Tränen (der Sünderin) jener (Pharisäer) eingeladen, der wähnte, dass er seinen Bauch zum Gastmahl einlud. Das ist der gute Arzt, der auszog, um zur Sünderin zu gehen, die in ihrem Innern ihn suchte. Sie salbte die Füsse unseres Herrn, der sie nicht (mit Füssen) trat, jene, die von allen wie Staub getreten wurde. Es traten sie die Pharisäer, die sich selber für gerecht erklärten und alle Menschen verachteten. Es erbarmte sich aber ihrer jener Barmherzige, dessen reiner Leib die Unreine heiligte.

XLIX

(Die Sünderin, das blutflüssige Weib, Martha und Maria)

Maria salbte das Haupt ¹ des Körpers unseres Herrn, ein Symbol des

---

³ Ephr. : *w-nawḥed karmâ l-pallâḥē aylēn*; Peš: *w-karmâ nawḥed* (gegen cod. cur : *naš-lem* u. sin : *nettel*) *la-ḥrânē pallâḥē aylēn* (VS : *l-pallâḥē ḥrânē aylēn*).   ⁴ Ephr. : *d-massqin leh ebbâ b-zabneh*; Peš u. VS : *d-yâhbin leh* (VS om. *leh*) *pērē b-zabnhōn*. Vgl. BURKITT, *Ev.*, II, 123 f.

¹ Fast wörtlich wie *Nat.*, 3, 4, 1.   ² Vgl *HdF*, 5, 13 u. 10, 10; *Nat.* 6, 13; 9, 15; 11, 5; *Virg.*, 25, 14; *azym.*, 16, 27.

¹ Gleichsetzung von Maria (u. Martha) von *Jo.*, XII, 3 (Salbung der Füsse) mit der Frau von *Matth.*, XXVI, 7 (*Marc.*, XIV, 3), die das Haupt salbt.

besten Teils, den sie erwählte [2]. Das Öl prophezeite von dem, was ihr Sinn gewählt hatte. Während Martha sich im Dienst abmühte [3], hungerte Maria (danach), mit Geistigem gesättigt zu werden von dem, der uns auch mit Körperlichem sättigt. Es erfreute ihn also Maria mit gutem Öl, wie er sie mit guter Lehre erfreut hatte [2]. Maria gab mit dem Öl ein Symbol des Todes [4] dessen, der durch seine Lehre die Begierde ihres Fleisches getötet hatte [5]. Die Sünderin aber erhandelte sich freimütig mit dem Kapital der Tränen die Sündenvergebung von seinen Füssen, und jene Frau, deren Blut floss, stahl sich die Heilung von der Quaste seines Mantels [6]. Maria aber erhielt öffentlich aus seinem Mund das « Selig», als Lohn für das Werk ihrer Hände an seinem Haupt. Sie goss nämlich gutes Öl auf sein Haupt und erhielt aus seinem Mund die staunenswerte Verheissung. Das ist das Öl, das oben [8] ausgesät wurde und unten [8] die Früchte zeigte. Sie säte es auf sein Haupt, sie erntete die Frucht aus seinen Lippen : « Es wird für sie Ruf und Erinnerung sein überall dort, wo meine Frohbotschaft verkündet werden wird.» [9] Was sie also von ihm erhielt, hat die Macht, auf alle Geschlechter überzugehen, und alle Geschlechter werden es nicht aufhalten können. Das Öl, das sie auf sein Haupt ausgoss, duftete vor den Geladenen und erfreute ihn. Ebenso geht der gute Ruf, den er ihr gab, durch alle Geschlechter und preist sie. Wie alle beim Gastmahl Anwesenden ihr Öl wahrnahmen, so sollten alle, die die Welt betreten, ihre Tat wahrnehmen. Dieser Zins ihres Kapitals wird in allen Generationen eingefordert.

---

[2] Gleichsetzung der Maria u. Martha mit den Personen von *Luc.*, x, 37 ff. Der Ausdruck von Vers 42 in Peš u. VS : *mnâtâ ṭabtâ* Ephr. : *mnâtâ rēšitâ.*   [3] Die Wendung der Peš u. Peš u. VS in *Luc.*, x, 40.   [4] Vgl. *Matth.*, xxvi, 12 (*Marc.*, xiv, 8).   [5] Besagt offenbar die Gleichsetzung der Maria mit Maria Magdalena mit den sieben bösen Geistern von *Luc.*, viii, 2.   [6] Ephr. : *qarnâ d-marṭūṭeh*, eine Verbindung von VS zu *Matth.*, ix, 20 (*l-kenfâ d-marṭūṭeh*) u. Peš zur gleichen Stelle : l-*qarnâ da-lbūšeh.* In *Luc.*, viii, 44 hat Peš : *l-kenfâ d-mâneh* u. VS : *l-kenfâ d-naḥteh.*   [7] Ephr. hat an der ersten Stelle das Verb : *armyat* an der zweiten : *neskat* gegen Peš u. VS, die in *Matth.*, xxvi, 7 u. *Marc.*, xiv, 3 : *ašpaʿt(âh)* haben.   [8] Wohl eine Anspielung auf *Ps.*, lxxxv, 12 f.   [9] *Matth.*, xxvi, 13 (*Marc.*, xiv, 9). BURKITT, (*Ev.*, II, 125) glaubt hier an eine bewusste Paraphrase ; doch steht Ephräms Text ganz nahe der VS von *Marc.*, xiv, 9 : *d-kar d-testabar sbart(î)... nehwē lâh dukrânâ.*

I,

(Simeon, der Priester, und das Jesuskind)

Simeon der Priester [1] aber sah und erkannte, als er ihn auf seine Arme nahm [2], um ihn vor Gott aufzuopfern, dass nicht er ihn darbringe, sondern dass er durch ihn dargebracht werde. Denn nicht wird der Sohn vor seinem Vater durch einen Diener dargebracht, sondern der Diener durch den Sohn vor seinem Herrn. Nun war es unmöglich, dass durch einen andern jener aufgeopfert würde, durch den jede Opfergabe dargebracht wird [3]. Denn nicht die Opfergabe bringt ihren Opferpriester dar, sondern durch die Opferpriester werden die Opfergaben dargebracht. Der Empfänger der Opfergaben hat sich also selber weggeschenkt, damit er von einem andern dargebracht werden könnte, damit die, die ihn darbringen, indem sie ihn darbringen, selber dargebracht würden. Denn wie er seinen Leib gab, damit er gegessen werde, um dadurch denen, die ihn essen, das Leben zu geben, ebenso gab er sich selbst, um geopfert zu werden, damit die Hände derer, die ihn aufopfern, durch seine Berührung geheiligt werden.

Wenn daher auch die Arme des Simeon den Sohn aufzuopfern schienen, so bezeugten dennoch seine Worte, dass er durch den Sohn aufgeopfert wurde. Es (kann) also für uns keinen Streit geben über das, was geschah; denn das, was (dabei) gesprochen wurde, hat die Streit(frage) gelöst : « Entlass du deinen Diener jetzt in Frieden ! » [4] Wer in Frieden entlassen wird, damit er zu Gott gehe, der wird Gott wie eine Opfergabe dargebracht. Um aber kundzutun, durch wen er dargebracht werde, sagte er : « Siehe es sahen meine Augen dein Erbarmen. » [5] Wenn nicht eine Gnade an ihm getan worden wäre, was hätte er dann preisen sollen? Gebührend aber pries er, dass er gewürdigt wurde, das auf seine Arme zu nehmen [6], was Könige und Propheten zu schauen sich sehnten. « Siehe es sahen meine Augen dein Erbarmen. » [5] Lasst uns also verstehen und einsehen : Erbarmt sich das Erbarmen nicht eines andern oder findet es etwa selber Erbarmen von einem andern? Wenn das Erbarmen selber sich aller erbarmt, dann

---

[1] Vgl. *CNis*, 35, 13 mit Anm.   [2] *Luc.*, II, 28 (Peš u. VS *qabbleh*; Ephr. *šaqleh*; doch vgl. Anm. 6).   [3] Vgl. *Virg.*, 31, 2 f.   [4] *Luc.*, II, 29 (mit abweichender Wortstellung in Peš, VS u. Ephr.).   [5] *Luc.*, II, 30 (Peš u. VS).   [6] Hier hat auch Ephr. das Verb. der Peš u. VS.